Apéro

100 recettes
à partager

hachette
CUISINE

Carrément cuisine

Ce livre, c'est 100 recettes goûtées et approuvées, variées et simples à préparer avec des ingrédients faciles à trouver... la base du bon livre de cuisine ! Mais nous avons voulu vous apporter plus encore avec des astuces et des idées qui font débuter le plaisir de cuisiner dès l'ouverture du livre.

1. Fini les listes de courses griffonnées sur de petits papiers que l'on ne retrouve jamais ou qui traînent au fond du cabas. **Choisissez les recettes qui vous font envie, sortez votre smartphone et tagguez le QR code qui figure en bas de la liste des ingrédients.** Vous y aurez accès quand bon vous semblera ! *(Nous vous conseillons d'utiliser les applications i-nigma, Qrafter ou qr scanner disponibles gratuitement sur iPhone et Androïd).*

2. Fini le manque d'inspiration. Les recettes sont rassemblées dans **des chapitres pensés autour de moments emblématiques et du nombre d'invités.** Faites votre choix et composez votre apéro en un clin d'œil.

« 100 recettes pour l'apéro» ce sont :

- Des amuse-bouche à faire **à l'improviste pour 4 personnes**
  > Rendez-vous page 14
- Des recettes un peu plus élaborées **pour recevoir jusqu'à 10 personnes**
  > Rendez-vous page 86
- Des recettes pour **un grand apéro de plus de 12 personnes**
  > Rendez-vous page 150

3. Et parce qu'on n'a jamais trop d'idées, vous trouverez au début de ce livre **des sommaires illustrés pour trouver les recettes qui correspondent à vos envies du moment.**

- **Envie végétarienne :**
  Guacamole, Verrines duo de chou-fleur et betterave, Macarons aux petits pois et à la menthe, etc.
  > Rendez-vous page 6

- **Envie de saveurs rustiques :**
  Ardoise de chiffonnades, Pommes de terre au foie gras, Gougères au comté, etc.
  > Rendez-vous page 8

- **Envie de saveurs iodées :**
  Verrines de saumon, avocat et pomme verte, Mini-sandwichs nordiques, etc.
  > Rendez-vous page 10

SOMMAIRE

1. À l'improviste

2. Pour recevoir

3. Grand apéro

1

2

3

6

7

8

11

12

13

Quelques suggestions de recettes

Envie végétarienne

Et aussi ...

1

2

3

6

7

8

11

12

13

Quelques suggestions de recettes

Envie rustique

Et aussi ...

1

Quelques suggestions de recettes

Envie maritime

Et aussi...

1. À l'improviste

(POUR 4 PERSONNES)

Anchoïade au chèvre frais

Pour 4 personnes (150 g env.) / 15 min de préparation

Ingrédients
20 anchois marinés à l'huile d'olive
1 gousse d'ail
20 câpres en conserve
2 cuil. à soupe d'huile d'olive
100 g de fromage de chèvre frais
Poivre

Matériel
Pilon et mortier

1. Rincez les anchois à l'eau et épongez- les avec du papier absorbant. Épluchez la gousse d'ail et coupez-la en petits morceaux.

2. Dans le mortier, mettez les anchois, les câpres égouttées, l'ail et l'huile d'olive. Pilez jusqu'à obtention d'une pâte grossière.

3. Versez l'anchoïade dans un bol, ajoutez le fromage de chèvre frais, puis poivrez et mélangez.

4. Réservez au réfrigérateur jusqu'au moment de servir. Cette anchoïade se conserve pendant 3 jours au frais dans un récipient hermétique.

VARIANTE

Remplacez le chèvre frais par du cream cheese ou du fromage frais de brebis.

ASTUCE

L'anchoïade peut également être réalisée avec un mixeur. Dans ce cas, veillez à ne pas mixer trop longtemps pour laisser quelques morceaux.

Rillettes de sardine aux olives

Pour 4 à 6 personnes (250 g env.) / 5 min de préparation

Ingrédients

2 boîtes de conserve de sardines à l'huile d'olive
1 cuil. à soupe de purée d'amande blanche (en magasin bio)
10 olives vertes dénoyautées
½ cuil. à café d'herbes de Provence
Sel, poivre

Matériel

Mixeur

1. Videz le contenu des boîtes de sardines dans le bol du mixeur.

2. Ajoutez la purée d'amande, les olives vertes et les herbes de Provence. Mixez le tout pendant quelques secondes. Goûtez et rectifiez l'assaisonnement en sel et en poivre.

3. Versez les rillettes dans un bol et réservez au réfrigérateur jusqu'au moment de servir. Ces rillettes se conservent pendant 3 jours au frais dans un récipient hermétique.

CONSEIL

Servez ces rillettes de sardine avec des crackers aux graines (voir recette p. 90) ou des blinis au sarrasin (voir recette p. 92).

Filets de Sardines

Crème de chèvre au miel et au romarin

Pour 4 à 6 personnes (250 g env.) / 15 min de préparation

Ingrédients
1 bûche de fromage de chèvre de 200 g
1 cuil. à soupe de miel liquide
1 cuil. à soupe de crème fraîche
1 cuil. à soupe de feuilles de romarin frais
30 g de noix décortiquées
Sel, poivre

Matériel
Mixeur

1. Coupez la bûche de chèvre en petits morceaux dans le bol du mixeur. Versez le miel liquide et la crème fraîche. Mixez jusqu'à obtention d'un mélange homogène.

2. Ajoutez les feuilles de romarin ciselées et les noix. Mixez de nouveau quelques secondes. Les noix doivent être grossièrement hachées. Goûtez et rectifiez l'assaisonnement.

3. Versez la crème dans un bol et servez-la à température ambiante. La crème de chèvre se conserve pendant 5 jours au réfrigérateur dans un récipient hermétique. Sortez-la au moins 1 h avant de la servir.

Hoummos de pois chiches

Pour 4 à 6 personnes (250 g env.) / 10 min de préparation

Ingrédients

200 g de pois chiches en conserve
1 petite gousse d'ail
1 cuil. à soupe de tahin (purée de sésame, en magasin bio)
4 cuil. à soupe d'huile d'olive
Le jus de ½ citron
½ cuil. à café de cumin moulu
Sel, poivre

Matériel

Mixeur

1. Égouttez et rincez les pois chiches. Épluchez la gousse d'ail, coupez-la en deux et enlevez le germe.

2. Dans le bol du mixeur, mettez les pois chiches et l'ail. Mixez pendant quelques secondes.

3. Ajoutez le tahini, l'huile d'olive, le jus de citron et le cumin. Mixez de nouveau jusqu'à obtention d'une texture bien lisse. Goûtez et rectifiez l'assaisonnement en sel et en poivre.

4. Versez le hoummos dans un bol et placez-le au réfrigérateur jusqu'au moment de servir. Ce hoummos se conserve pendant 5 jours au frais dans un récipient hermétique.

Caviar d'aubergine

Pour 6 personnes / 15 min de préparation / 5 min de cuisson

Ingrédients

1 aubergine
½ tomate
1 gousse d'ail
1 cuil. à soupe d'huile d'olive
1 cuil. à soupe de jus de citron
1 oignon frais
Sel, poivre

Matériel

Mixeur

1. Piquez l'aubergine à la fourchette et placez-la au four à micro-ondes. Faites-la cuire à la puissance maximale pendant 5 min. Une fois cuite, ouvrez-la et, à l'aide d'une cuillère, retirez la chair.

2. Placez la chair dans le bol du mixeur avec la demi-tomate lavée et coupée en quartiers, la gousse d'ail épluchée et écrasée, l'huile, le jus de citron et l'oignon épluché.

3. Mixez le tout jusqu'à obtenir une purée grossière. Goûtez et rectifiez l'assaisonnement si nécessaire. Dégustez ce caviar tiède ou froid.

CONSEIL

Vous pouvez réaliser le caviar d'aubergine deux jours à l'avance et le conserver au frais.

Guacamole

Pour 6 personnes / 10 min de préparation

Ingrédients
2 avocats
1 petit oignon
4 brins de coriandre
Quelques gouttes de Tabasco
1 cuil. à soupe d'huile d'olive
1 cuil. à soupe de jus de citron

Matériel
Mixeur

1. Mettez dans le bol du mixeur la chair des avocats, l'oignon et la coriandre. Mixez une première fois puis ajoutez le Tabasco, l'huile d'olive et le jus de citron.

2. Mixez bien à nouveau et conservez au frais.

CONSEILS

Le guacamole peut se réaliser quelques heures à l'avance. Citronnez légèrement le dessus de la préparation pour éviter que la chair des avocats ne noircisse et mélangez au moment de servir.

Tarama

Pour 6 personnes / 15 min de préparation

Ingrédients
150 g d'œufs de cabillaud fumés
1 tranche de pain de mie
3 cuil. à soupe de lait
1 yaourt nature
½ cuil. à café de paprika
1 cuil. à soupe de jus de citron
1 cuil. à soupe d'huile d'olive
Sel, poivre

Matériel
Mixeur

1. Enlevez la membrane protectrice de la poche des œufs de cabillaud. À l'aide d'une cuillère à soupe, grattez les membranes pour recueillir tous les œufs. Mettez-les dans le bol du mixeur.

2. Imbibez le pain de lait et mettez-le dans le mixeur avec le yaourt, le paprika, le jus de citron et l'huile d'olive. Mixez jusqu'à ce que le mélange soit homogène, goûtez et rectifiez l'assaisonnement si nécessaire.

3. Réservez au frais jusqu'au moment de servir.

CONSEIL

Vous pouvez réaliser le tarama deux jours à l'avance à condition de bien le conserver au frais.

Fromage blanc à la ciboulette

Pour 6 personnes / 15 min de préparation / 4 h de repos

Ingrédients

1 faisselle de 500 g
½ botte de ciboulette
4 cuil. à soupe d'huile d'olive
1 pincée de fleur de sel
Poivre

1. Retirez le fromage de son pot en le laissant dans l'égouttoir. Laissez-le ensuite à l'air libre dans une assiette pendant 4 h afin qu'il perde un peu d'eau.

2. Hachez la ciboulette. Dans un petit saladier, versez le fromage blanc, la ciboulette, la fleur de sel, du poivre et l'huile d'olive. Mélangez bien et conservez au frais.

ACCOMPAGNEMENT

Des bâtonnets de légumes (cœurs de palmier, tomates cerises, chou-fleur, concombre, céleri branche, carottes, radis rose, radis noir, radis blanc, rondelles d'oignon rouge).

CONSEIL

Pour plus de goût, utilisez du caillé de brebis ou de chèvre que vous trouverez dans les épiceries bio.

Tapenade noire ou verte

Pour 6 personnes / 25 min de préparation

Ingrédients

Pour la tapenade noire

100 g d'olives noires à la grecque dénoyautées

100 g d'olives noires au naturel dénoyautées

1 cuil. à soupe de câpres

3 anchois au sel

¼ de citron

8 cuil. à soupe d'huile d'olive

Pour la tapenade verte

200 g d'olives vertes au naturel dénoyautées

2 cuil. à soupe de pignons de pin

1 cuil. à soupe de câpres

3 anchois au sel

4 brins de basilic

¼ de citron

8 cuil. à soupe d'huile d'olive

Matériel

Robot mixeur

1. Préparez la tapenade noire. Pressez le citron. Dans le bol d'un mixeur, rassemblez tous les ingrédients et actionnez le robot jusqu'à obtention d'une purée assez fine et homogène. Laissez refroidir avant de déguster.

2. Préparez ensuite la tapenade verte. Dans une poêle, faites griller les pignons de pin. Dès qu'ils commencent à colorer, coupez le feu et retirez-les de la poêle. Effeuillez le basilic. Dans le bol d'un mixeur, rassemblez tous les ingrédients et actionnez le robot jusqu'à obtention d'une purée assez fine et homogène. Laissez refroidir avant de déguster.

ACCOMPAGNEMENT

Des bâtonnets de légumes (cœurs de palmier, chou-fleur, céleri branche, carottes, radis rose, radis noir, radis blanc, rondelles d'oignon rouge), des sommités de chou-fleur, du concombre que vous aurez mis dans du sel fin pendant 2 h, des tomates de toutes les couleurs, des pâtes cuites (du type conchiglione), des gressins ou des croûtons de pain frottés à l'ail.

CONSEILS

Si la tapenade est trop amère, ajoutez un peu de sel et d'huile d'olive.

Ardoise de chiffonnades

Pour 4 ardoises / 25 min de préparation

Ingrédients

50 g de chiffonnade de jambon cuit
50 g de chiffonnade de jambon de Parme
50 g de chiffonnade de rosette de Lyon
50 g de chiffonnade de viande des Grisons ou de pancetta
4 tomates confites
4 cœurs d'artichauts à l'huile
4 oignons italiens à l'huile
Quelques feuilles de roquette
Vinaigre balsamique
Huile d'olive
Poivre

1. Disposez les différentes chiffonnades sur les ardoises en les séparant bien.

2. Coupez les tomates et les artichauts en deux. Répartissez-les sur les ardoises avec les oignons.

3. Arrosez les légumes de quelques gouttes d'huile d'olive et de vinaigre balsamique.

4. Répartissez quelques feuilles de roquette sur les ardoises pour la présentation. Poivrez légèrement le tout.

ACCOMPAGNEMENT

Un verre de chianti.

VARIANTES

Remplacez toutes les chiffonnades par des poissons fumés : flétan, thon, haddock, saumon, marlin…

Verrines fraîcheur

Pour 4 verrines / 15 min de préparation / 2 min de cuisson

Ingrédients

2 poignées de salade
2 pétales de tomate séchée
3 abricots secs
½ poire
1 cuil. à soupe de pignons de pin
2 tranches de jambon cru
1 cuil. à café de pesto roquette et noix
1 cuil. à soupe de vinaigre de xérès
2 cuil. à soupe d'huile d'olive
Quelques copeaux de parmesan

1. Dans un saladier, mélangez la salade. Coupez en dés les pétales de tomate séchée, les abricots et la demi-poire. Ajoutez-les à la salade ainsi que les pignons de pin.

2. Entre deux feuilles de papier absorbant, disposez les tranches de jambon cru et mettez au four à micro-ondes 2 min. Découpez les tranches en morceaux et disposez-les sur la salade.

3. Préparez la vinaigrette. Dans un bol, mélangez le pesto de roquette et noix avec le vinaigre de xérès et l'huile d'olive. Mélangez bien et versez sur la salade.

4. Ajoutez quelques copeaux de parmesan, mélangez et disposez dans les verrines.

CONSEIL

Vous pouvez préparer la salade et la vinaigrette à part quelques heures à l'avance et servir au dernier moment.

Verrines de polenta, roquette et feta

Pour 4 personnes / 25 min de préparation / 5 min de cuisson / 30 min de repos

Ingrédients

200 g de polenta précuite
100 g de roquette
50 g de feta
1 échalote
4 pétales de tomates confites à l'huile
1 cuil. à soupe de vinaigre de framboise
3 cuil. à soupe d'huile d'olive
Sel, poivre

Matériel

4 verrines

1. Faites bouillir 80 cl d'eau salée. Versez-y la polenta. Remuez et laissez cuire 3 min. Étalez la polenta sur une plaque en une couche régulière de 2 cm d'épaisseur et laissez refroidir 30 min.

2. Pelez et hachez l'échalote. Préparez une vinaigrette en mélangeant l'échalote, le vinaigre, 2 cuillerées à soupe d'huile, du sel et du poivre. Coupez la feta en dés et les pétales de tomates en morceaux. Dans un saladier, mélangez la roquette, la feta, les tomates et la vinaigrette.

3. Coupez la polenta en cubes de 2 cm de côté. Faites chauffer la plancha. Avec un pinceau, graissez-la avec la dernière cuillerée d'huile d'olive. Saisissez les cubes de polenta 1 min de chaque côté. Répartissez la salade de roquette dans les verrines. Ajoutez les cubes de polenta et servez.

VARIANTES

À la place des verrines, montez des mini-brochettes : sur des piques en bois, alternez polenta, feta et tomate ; donnez une jolie forme à la polenta en la découpant avec un emporte-pièce, en forme d'étoile ou de cœur.

Soupe de tomates au fromage frais et vanille

Pour 4 personnes / 15 min de préparation

Ingrédients

400 g de tomates cœur-de-bœuf
¼ de concombre
1 petite tranche de pain de campagne
1 cuil. à soupe de vinaigre de xérès
5 cl d'huile d'olive
1 gousse de vanille
2 petits-suisses
1 quartier de citron vert
Sel, poivre

Matériel

Mixeur

1. Retirez le pédoncule des tomates et ébouillantez-les dans une casserole pendant 1 min afin de retirer la peau. Épluchez le concombre. Coupez-le en gros morceaux ainsi que les tomates et disposez-les dans le bol d'un mixeur. Ajoutez le pain, le jus du citron vert, le vinaigre, l'huile, du sel, du poivre et 10 cl d'eau froide. Actionnez votre robot et laissez-le tourner jusqu'à ce que votre soupe soit homogène. Passez-la alors au moulin à légumes. Vérifiez l'assaisonnement et laissez reposer au réfrigérateur avant de servir.

2. Coupez la gousse de vanille en deux dans le sens de la longueur et retirez les graines à l'aide de la pointe d'un couteau. Dans un bol, mélangez les petits-suisses avec les graines de vanille.

3. Répartissez la soupe dans de jolies tasses ou des verres et versez dessus quelques touches de petits-suisses. Gardez au frais ou servez aussitôt.

CONSEIL

Remplacez la vanille par du vinaigre balsamique. Pour cela, faites réduire 15 cl de vinaigre aux trois quarts dans une casserole de façon à obtenir un sirop épais. Préparez et servez votre soupe, puis ajoutez des gouttes de ce sirop juste avant de servir.

Soupe de fèves au citron, coriandre et menthe

Pour 4 personnes / 15 min de préparation / 20 min de cuisson

Ingrédients

1 échalote
1 petite gousse d'ail
2 cm de racine de gingembre frais
½ blanc de poireau
2 cuil. à soupe d'huile d'olive
400 g de fèves écossées fraîches
1 cube de bouillon de volaille
½ botte de menthe
½ botte de coriandre
1 citron vert
1 yaourt à la grecque
Sel, poivre

Matériel

Mixeur
Moulin à légumes

1. Épluchez et hachez l'échalote, l'ail et le gingembre. Nettoyez et émincez le blanc de poireau.

2. Dans une poêle, faites revenir le tout dans l'huile d'olive chaude pendant 4 à 5 min. Ajoutez les fèves, le cube de bouillon de volaille et couvrez d'eau. Portez à ébullition et laissez cuire 10 à 15 min. Les fèves doivent être fondantes. Coupez le feu et mixez longuement la soupe. Passez ensuite au moulin à légumes et vérifiez l'assaisonnement. Laissez refroidir.

3. Effeuillez et hachez grossièrement la menthe et la coriandre. Dans un bol, mélangez le jus du citron avec le yaourt.

4. Répartissez la soupe dans de jolies tasses, des verres ou des bols et déposez un peu de yaourt au citron dessus. Saupoudrez d'herbes et servez aussitôt.

CONSEIL

Vous pouvez remplacer les fèves par du brocoli, des petits pois ou des haricots verts. Dans ce cas, ajoutez aussi une pomme de terre.

Taralli

Pour 4 à 6 personnes / 20 min de préparation / 25 min de cuisson

Ingrédients
500 g de farine
10 cl d'huile d'olive
10 g de sel
10 g de graines de fenouil (facultatif)
5 cl de vin blanc

Matériel
Plaque à pâtisserie
Papier sulfurisé

1. Mélangez la farine et l'huile d'olive jusqu'à l'obtention d'un mélange homogène. Ajoutez le sel et les graines de fenouil, si vous les utilisez, puis versez le vin blanc petit à petit. Pétrissez la pâte pendant 15 min. Elle doit être lisse et élastique et ne pas coller au plan de travail. Si c'est le cas, ajoutez de la farine.

2. Préchauffez le four à 180 °C (th. 6). Mettez un grand volume d'eau à bouillir dans une casserole.

3. Découpez de petits morceaux de pâte et roulez-les en boudins d'environ 9 cm de long et 6 mm de diamètre. Avec chaque boudin, formez un cercle et fermez-le en pinçant les deux extrémités ensemble. Plongez les taralli dans l'eau bouillante. Égouttez-les dès qu'ils remontent à la surface.

4. Déposez les taralli sur une plaque à pâtisserie recouverte d'une feuille de papier sulfurisé ou du tapis en silicone. Enfournez pour 20 min de cuisson.

Quesadilla au fromage fondu

Pour 4 à 6 personnes / 10 min de préparation / 1 h de repos / 25 min de cuisson

Ingrédients

Pour les tortillas

400 g de farine
1 cuil. à café de sel
5 cl d'huile d'olive

Pour la farce au fromage

200 g de cheddar râpé
12 Vache qui rit®

Matériel

Linge

1. Sur le plan de travail, mélangez la farine et le sel. Creusez un puits, puis ajoutez l'huile d'olive et 22 cl d'eau tiède. Pétrissez pour former une boule de pâte souple. Couvrez-la avec un linge et laissez reposer pendant 1 h à température ambiante.

2. Partagez la pâte en 12 parts égales. Formez des boules en les roulant entre vos mains. Aplatissez-les une par une pour obtenir des galettes régulières de 20 cm de diamètre. Faites chauffer une petite poêle et huilez-la légèrement. Faites cuire les tortillas pendant 1 min de chaque côté.

3. Râpez le cheddar. Tartinez la moitié de chaque tortilla de Vache qui rit®. Soupoudrez de cheddar râpé. Pliez la tortilla en deux.

4. Dans une poêle bien chaude, déposez la tortilla pliée en deux. Faites chauffer à feu moyen, à couvert. Retournez-la au bout de quelques minutes. Dégustez aussitôt.

Crousticheese

Pour 4 à 6 personnes / 30 min de préparation / 3 h 45 de cuisson

Ingrédients

90 g de farine de tapioca
30 g de Maïzena
1 cuil. à café de sel
1 cuil. à café de sucre en poudre
50 g de cheddar râpé
Huile de friture

Matériel

Mixeur
Papier sulfurisé
Déshydrateur d'aliments ou plaque à pâtisserie
Papier absorbant
Cuit-vapeur

1. Mélangez la farine de tapioca, la Maïzena, le sel et le sucre dans le bol du mixeur, puis ajoutez le cheddar. Mixez jusqu'à obtenir une texture sableuse. Ajoutez 6,5 cl d'eau en filet. Placez cette pâte sur une feuille de papier sulfurisé et faites-la cuire dans le cuit-vapeur pendant 45min.

2. Découpez la pâte en petits morceaux, puis roulez-les entre vos doigts pour obtenir des petits boudins irréguliers.

3. Si vous possédez un déshydrateur d'aliments, déposez ces petits morceaux de pâte sur un plateau et faites sécher pendant 3 h à 60 °C. Sinon, placez-les sur une plaque à pâtisserie recouverte d'une feuille de papier sulfurisé et faites-les cuire au four à 50 °C (th. 1) pendant 3 h.

4. Faites chauffer de l'huile dans une casserole à bords hauts. Quand elle est bien chaude, plongez-y les morceaux de pâte déshydratés et laissez-les gonfler et dorer pendant quelques minutes. Égouttez-les sur du papier absorbant. Salez et dégustez.

Crackers à la farine de riz et au fromage

Pour 4 à 6 personnes / 10 min de préparation / 15 min de cuisson

Ingrédients

1 cuil. à café de paprika
2 cuil. à café de parmesan
100 g de farine de riz
150 g de farine de blé
1 cuil. à café de sel
4 cuil. à soupe d'huile d'olive

Matériel

Mixeur
Rouleau à pâtisserie
Emporte-pièce
Plaque à pâtisserie
Papier sulfurisé
Petite passoire

1. Préchauffez le four à 180 °C (th. 6). Mixez finement le paprika et le parmesan.

2. Mélangez la farine de riz, la farine de blé et le sel, puis versez l'huile d'olive. Ajoutez un peu d'eau et pétrissez jusqu'à obtenir une boule de pâte.

3. Étalez la pâte très finement sur un plan de travail fariné. Coupez des formes avec un emporte-pièce et déposez-les sur une plaque à pâtisserie, recouverte d'une feuille de papier sulfurisé. Saupoudrez du mélange paprika-parmesan avec une petite passoire.

4. Enfournez pour 15 min de cuisson. Les crackers doivent être dorés et croustillants. Laissez-les refroidir complètement avant de les déguster.

Crackers au sésame

Pour 4 à 6 personnes / 15 min de préparation / 10 min de cuisson

Ingrédients

200 g de farine
½ cuil. à café de sel
60 g de graines de sésame
2 cuil. à soupe d'huile d'olive
1 cuil. à soupe de miel

Matériel

Rouleau à pâtisserie
Roulette à pâtisserie
Plaque à pâtisserie
Papier sulfurisé
Pinceau de cuisine

1. Préchauffez le four à 180 °C (th. 6).

2. Dans un saladier, versez la farine, le sel et les graines de sésame. Ajoutez l'huile et 10 cl d'eau, puis mélangez jusqu'à ce que la pâte soit homogène.

3. Divisez la pâte en six. Sur un plan de travail fariné, étalez finement les 6 morceaux : ils ne doivent avoir que quelques millimètres d'épaisseur. Coupez-les en rectangles à l'aide d'une roulette à pâtisserie.

4. Déposez-les sur une plaque à pâtisserie recouverte d'une feuille de papier sulfurisé. Badigeonnez de miel dilué dans un peu d'eau tiède. Piquez plusieurs fois les biscuits avec une fourchette, puis enfournez-les pour 10 min de cuisson.

Chips de légumes-racines

Pour 6 personnes / 20 min de préparation / 3 min de cuisson

Ingrédients
2 betteraves
1 patate douce
2 panais
4 carottes
Huile de friture
Fleur de sel

Matériel
Mandoline
Friteuse

1. Lavez et épluchez les légumes. Réalisez des tranches d'une épaisseur de 1 mm à la mandoline.

2. Plongez ces fines tranches dans une huile chaude à 180 °C pendant 3 min. Égouttez sur du papier absorbant et saupoudrez de fleur de sel. Dégustez aussitôt, à l'apéritif, en précisant que c'est bien vous qui l'avez fait !

Chips de courgette

Pour 150 g de chips / 5 min de préparation / 10 min de cuisson

Ingrédients

2 à 3 courgettes vertes de petite taille
Huile de friture
Sel fin

1. Éboutez les courgettes. À l'aide d'une mandoline ou d'une râpe, coupez les courgettes en très fines tranches (environ 1 mm).

2. Faites chauffer l'huile dans une casserole ou dans une friteuse. L'huile est chaude lorsqu'elle frémit : si vous y placez une tranche de courgette, elle doit se mettre immédiatement à frire. Plongez- y alors une à une les tranches de légume et remuez afin d'éviter qu'elles ne se collent entre elles (si vous utilisez une petite casserole, faites plusieurs fournées).

3. Laissez cuire 2 à 3 min. Les chips vont commencer à se déformer et les petites bulles de friture vont disparaître au fur et à mesure, signe que vos chips sont bientôt cuites.

4. Lorsque les chips commencent à fortement colorer au centre, sortez-les rapidement de l'huile avec une écumoire et posez- les en les espaçant sur du papier absorbant. Saupoudrez de sel et laissez refroidir 5 à 10 min avant de les servir.

ACCOMPAGNEMENT

Placez au centre de vos chips une noisette de fromage frais et quelques œufs de saumon.

Tuiles au sbrinz

Pour 4 personnes / 10 min de préparation / 5 min de cuisson

Ingrédients
200 g de sbrinz (fromage suisse)
Poivre

Matériel
Papier sulfurisé

1. Dans un petit saladier, râpez le fromage. Poivrez et mélangez.

2. Faites chauffer la plancha. Formez des tas de fromage et étalez-les avec le dos d'une cuillère à soupe. Laissez griller 3 min le temps que le fromage forme une galette dorée et croustillante.

3. Débarrassez sur du papier sulfurisé et laissez refroidir avant de servir.

VARIANTES

Ces tuiles peuvent aussi être préparées avec du parmesan. Parfumez-les de thym ou de romarin.

Pop-corn au parmesan

Pour 4 à 6 personnes / 5 min de préparation / 5 min de cuisson

Ingrédients

50 g de maïs à pop-corn
30 g de beurre fondu
50 g de parmesan râpé
2 cuil. à soupe d'huile

1. Faites chauffer l'huile dans une casserole. Quand elle est bien chaude, ajoutez les grains de maïs. Quand ils commencent à éclater, mettez le couvercle et laissez cuire 3 min en remuant la casserole.

2. Retirez le couvercle. Ajoutez le beurre et le parmesan. Replacez le couvercle et secouez pour bien mélanger. Servez aussitôt.

FRESH
Pop
Corn

Oignons frits tandoori

Pour 4 personnes / 10 min de préparation / 3 min de cuisson

Ingrédients

1 oignon
1 œuf
2 cuil. à soupe de chapelure
2 cuil. à soupe de farine
2 cuil. à café d'épices tandoori
Mayonnaise
Ketchup
Huile de friture

Matériel

Friteuse

1. Faites chauffer l'huile dans la friteuse. Épluchez l'oignon et coupez-le en rondelles épaisses.

2. Dans un bol, fouettez l'œuf. Dans une assiette, mélangez la chapelure, la farine et les épices. Trempez les rondelles d'oignon dans l'œuf puis passez-les dans le mélange farine-chapelure-épices.

3. Quand l'huile est bien chaude, faites frire les rondelles d'oignon 2 à 3 min, sortez-les et égouttez-les sur du papier absorbant.

4. Servez chaud avec de la mayonnaise et du ketchup.

CONSEIL

Les oignons frits ne peuvent pas se préparer à l'avance.

Beignets de tomates vertes

Pour 6 personnes / 10 min de préparation / 4 min de cuisson

Ingrédients

120 g de farine
60 g de polenta
1 cuil. à café de piment d'Espelette
45 g de parmesan râpé
Poivre
12,5 cl de lait ribot
6 tomates vertes
Huile de friture

Matériel

Friteuse

1. Dans un saladier, mélangez la farine, la polenta, le piment et le parmesan. Poivrez à votre goût puis ajoutez le lait ribot et mélangez bien.

2. Tranchez les tomates sur une épaisseur de 1,5 cm. Plongez les tranches de tomates dans la pâte puis dans l'huile chaude à 180 °C, pendant 4 min.

3. Égouttez sur du papier absorbant et dégustez devant un bon film.

Palmiers à la tapenade

Pour 4 à 6 personnes / 10 min de préparation / 1 h de congélation / 20 min de cuisson

Ingrédients
1 pâte feuilletée

Pour la tapenade
100 g d'olives noires dénoyautées
25 g de câpres
25 g de filets d'anchois
4 cuil. à soupe d'huile d'olive

Matériel
Mixeur
Film alimentaire
Plaque à pâtisserie
Papier sulfurisé

1. Préparez la tapenade. Mixez finement les olives avec les câpres et les filets d'anchois. Ajoutez l'huile en filet.

2. Déroulez la pâte feuilletée en enlevant la feuille de cuisson. Recouvrez-la de tapenade. Partez du bord droit et roulez la pâte sur elle-même, arrêtez lorsque que vous arriverez au milieu. Partez alors du bord gauche et roulez la pâte sur elle-même jusqu'au milieu. Emballez ce double boudin de pâte dans du film alimentaire et placez-le au congélateur pendant 1 h.

3. Ôtez le film alimentaire et coupez la pâte en tranches de 5 mm d'épaisseur. Déposez les palmiers sur une plaque à pâtisserie, recouverte d'une feuille de papier sulfurisé.

4. Enfournez pour 20 min de cuisson. Les palmiers doivent être dorés et croustillants. Laissez-les refroidir complètement avant de les déguster.

Œufs de caille mollets croustillants

Pour 6 personnes / 15 min de préparation / 5 min de cuisson

Ingrédients
24 œufs de caille
60 g de noisettes
1 blanc d'œuf
Huile pour la friture
Sel

1. Faites cuire les œufs de caille 3 min à l'eau bouillante salée. Rafraîchissez-les sous l'eau froide, puis écalez-les délicatement.

2. Hachez les noisettes, mettez-les dans une assiette. Dans une autre assiette, battez le blanc d'œuf 10 secondes avec une fourchette. Roulez les œufs de caille mollets froids dans le blanc d'œuf, puis panez-les dans les noisettes hachées.

3. Faites-les frire 10 secondes dans un bain d'huile bien chaud, égouttez-les sur un papier absorbant, servez aussitôt.

Tomates d'amour au pavot

Pour 6 personnes / 10 min de préparation / 8 min de cuisson

Ingrédients

24 tomates cerise

150 g de sucre

3 cuil. à soupe de graines de pavot

Matériel

24 piques en bois

Papier sulfurisé

1. Dans une casserole, faites cuire le sucre avec 5 cl d'eau pour obtenir un caramel légèrement doré. Retirez du feu et plongez le cul de la casserole dans de l'eau froide pour arrêter la cuisson du caramel. Ajoutez le pavot dans le caramel, mélangez en tournant régulièrement la casserole.

2. Plantez une pique en bois dans chaque tomate, puis plongez-les délicatement dans le caramel pour les en enrober.

3. Rangez les cerises d'amour debout sur une plaque recouverte d'une feuille de papier sulfurisé. Laissez refroidir avant de déguster.

Tomates cocktail aux œufs de caille

Pour 4 personnes / 15 min de préparation / 8 min de cuisson

Ingrédients
12 œufs de caille durs
12 tomates cocktail
4 cuil. à soupe de pesto vert
Sel

1. Coupez le sommet des tomates. Évidez-les avec une petite cuillère, sans percer la peau. Salez l'intérieur et retournez-les.

2. Écalez les œufs de caille. Passez-les dans de l'eau froide pour éliminer toute trace de coquille. Égouttez-les sur du papier absorbant.

3. Retournez les tomates. Déposez du pesto au fond et étalez-le sur la paroi. Ajoutez un œuf de caille. Remettez une pointe de pesto. Posez le chapeau dessus.

CONSEIL

Les œufs de caille sont souvent vendus déjà cuits, mais vous pouvez les faire durcir vous-même : plongez les œufs frais dans de l'eau bouillante et laissez-les pendant 3 min.

Pomme de terre creusée au foie gras

Pour 6 personnes / 5 min de préparation / 15 min de cuisson

Ingrédients

50 g de foie gras mi-cuit
6 pommes de terre de petite taille BF 15, charlotte ou amandine
Fleur de sel
Poivre du moulin

1. Brossez les pommes de terre sous l'eau froide et mettez-les dans une casserole remplie d'eau froide salée. Portez à ébullition et laissez cuire 12 à 15 min. Les pommes de terre sont cuites lorsque la pointe d'un couteau s'y enfonce sans rencontrer de résistance.

2. Égouttez les pommes de terre. Coupez-les en deux dans le sens de la longueur et creusez-les au centre à l'aide d'une petite cuillère.

3. Coupez le foie gras en cubes de 1 cm de côté et garnissez-en les pommes de terre. Saupoudrez de fleur de sel, de poivre et servez aussitôt.

VARIANTES

Vous pouvez faire la même recette en remplaçant le foie gras par de la moelle de bœuf (faites cuire à petits bouillons un os à moelle dans de l'eau salée additionnée de vinaigre blanc pendant 20 min ; sortez les os et retirez la moelle que vous couperez en tranches) ou des brisures de truffe mélangées à du mascarpone.

Rattes à la fleur de sel, œufs de saumon et ciboulette

Pour 4 personnes / 20 min de préparation / 15 min de cuisson

Ingrédients

20 pommes de terre ratte
3 cuil. à soupe d'huile d'olive
½ botte de ciboulette
20 cl de crème épaisse
1 pot d'œufs de saumon
Fleur de sel

1. Faites chauffer l'huile d'olive dans une poêle et ajoutez les pommes de terre pour les faire dorer. Une fois qu'elles sont dorées sur toutes les faces, saupoudrez de fleur de sel, couvrez et poursuivez la cuisson pendant 15 min. Laissez refroidir.

2. Ciselez la ciboulette et mélangez-la avec la crème épaisse. Salez.

3. Coupez les pommes de terre en deux dans le sens de la longueur. Posez sur chaque face intérieure un peu de crème à la ciboulette puis déposez par-dessus quelques œufs de saumon.

4. Dégustez aussitôt.

VARIANTE

Vous pouvez réaliser cette recette en remplaçant les œufs de saumon par des tranches de lard grillé.

Saint-jacques au serrano

Pour 4 personnes / 10 min de préparation / 6 min de cuisson

Ingrédients

8 noix de Saint-Jacques
2 tranches de jambon Serrano
25 g de beurre fondu pour la plancha
Fleur de sel
Poivre

Matériel

8 piques en bois

1. Coupez les tranches de serrano en quatre bandes.

2. Essuyez les noix de Saint-Jacques avec un papier absorbant. Poivrez-les de chaque côté. Enroulez chacune dans 1 bande de jambon. Tenez-les avec les piques en bois.

3. Faites chauffer la plancha. Graissez-la avec le beurre à l'aide d'un pinceau. Déposez dessus les noix de Saint-Jacques. Saisissez-les 3 min de chaque côté. Parsemez de fleur de sel juste avant de servir.

Aubergines grillées roulées au chèvre

Pour 4 personnes / 20 min de préparation / 2 min de cuisson

Ingrédients

2 aubergines
100 g de chèvre frais (type Chavroux)
1 pot de pesto
1 branche de basilic
2 cuil. à soupe d'huile d'olive pour la plancha
Sel, poivre

Matériel

Piques en bois

1. Lavez et séchez les aubergines. Coupez-en la base et le pédoncule. Tranchez-les en lamelles régulières de 3 mm d'épaisseur. Mélangez le fromage de chèvre et le pesto. Effeuillez et ciselez le basilic.

2. Faites chauffer la plancha. Enduisez-la d'huile d'olive avec un pinceau. Déposez les tranches d'aubergines et faites-les griller 1 min de chaque côté.

3. Débarrassez-les sur un plateau et tartinez-les de pesto au fromage. Roulez chaque tranche sur elle-même pour former un rouleau. Tenez-le avec une pique. Parsemez de basilic avant de servir.

Bruschetta aux tomates, pesto et mozzarella

Pour 4 personnes / 20 min de préparation / 5 min de cuisson

Ingrédients

1 baguette de pain
2 gousses d'ail
6 tomates
2 boules de mozzarella
1 pot de pesto du commerce
4 cuil. à soupe d'huile d'olive
Sel, poivre du moulin

1. Coupez la baguette en tranches d'environ 1,5 cm d'épaisseur, faites-les légèrement griller. Pelez les gousses d'ail et frottez les tranches de pain avec.

2. Trempez les tomates dans de l'eau bouillante pendant 10 s. Plongez-les ensuite 2 min dans de l'eau glacée pour stopper la cuisson. Retirez le pédoncule avec la pointe d'un couteau et ôtez la peau des tomates.

3. Coupez les tomates en quatre, retirez la pulpe et les pépins à l'aide d'une cuillère. Détaillez ensuite la chair en petits dés. Assaisonnez-les avec de l'huile d'olive, du sel et du poivre.

4. Coupez la mozzarella en rondelles. Déposez 1 cuil. à soupe de chair de tomate sur chaque tartine de pain, ajoutez 1 rondelle de mozzarella et pour finir 1 cuil. à café de pesto.

5. Déposez vos tartines sur une plaque allant au four, recouverte de papier sulfurisé. Allumez votre four en position gril et enfournez pendant 6 à 8 min. Dégustez chaud.

ASTUCE

Réalisez votre pesto maison en mixant ensemble 20 cl d'huile d'olive, 2 gousses d'ail pelées, 2 bottes de basilic effeuillées, 150 g de parmesan râpé et 100 g de pignons de pin.

Muffins au roquefort

Pour 4 personnes / 10 min de préparation / 20 à 25 min de cuisson

Ingrédients

125 g de farine
½ sachet de levure chimique
4 œufs
20 cl de lait
15 cl d'huile d'olive
120 g de roquefort
50 g de noix

Matériel

Plaque en silicone de moules à muffins (ou, à défaut, moules à muffins beurrés)

1. Préchauffez le four à 180 °C (th. 6).

2. Mélangez la farine et la levure. Ajoutez les œufs un à un, en mélangeant bien. Versez le lait et l'huile et mélangez jusqu'à l'obtention d'une belle pâte lisse et homogène. Émiettez le roquefort et coupez les noix en petits morceaux. Ajoutez-les à la préparation.

3. Versez la pâte dans les moules. Enfournez pour 20 à 25 min de cuisson. Les muffins doivent être bien gonflés et dorés.

4. Servez-les tièdes ou froids.

2. Pour recevoir

(POUR 8 PERSONNES)

Rillettes de crevettes roses au pamplemousse

Pour 8 à 10 personnes (600 g env.) / 30 min de préparation

Ingrédients

1 échalote
500 g de crevettes roses cuites
2 pamplemousses roses
1 avocat
10 feuilles de menthe fraîche
Sel, poivre

Matériel

Mixeur
Film alimentaire

1. Épluchez et émincez finement l'échalote. Décortiquez les crevettes et placez-les dans le bol du mixeur avec l'échalote. Mixez pendant quelques secondes, jusqu'à ce que les crevettes soient réduites en miettes.

2. Coupez les pamplemousses en deux. Réservez un demi-pamplemousse. Pelez à vif les trois moitiés restantes. Récupérez les suprêmes de pamplemousse en passant un couteau de chaque côté du suprême, le long de la membrane. Coupez les suprêmes en petits morceaux. Pressez le jus de la moitié de pamplemousse restante.

3. Ouvrez l'avocat en deux, dénoyautez-le, puis mettez sa chair dans un grand bol et écrasez-la avec une fourchette. Ajoutez les miettes de crevette, les dés de suprême de pamplemousse, le jus de pamplemousse et les feuilles de menthe ciselées. Mélangez délicatement. Goûtez et rectifiez l'assaisonnement en sel et en poivre.

4. Réservez au réfrigérateur jusqu'au moment de servir. Ces rillettes se conservent pendant 24 h au frais, recouvertes de film alimentaire directement au contact de la préparation pour éviter que l'avocat ne noircisse.

Rillettes de surimi à l'échalote

Pour 8 personnes (450 g env.) / 5 min de préparation

Ingrédients

1 jaune d'œuf
2 cuil. à café bombées de moutarde
1 cuil. à café de vinaigre de vin
15 cl d'huile de tournesol
15 bâtonnets de surimi au crabe
4 échalotes
5 branches de persil plat frais
Sel, poivre

Matériel

Mixeur

1. Préparez la mayonnaise. Dans un grand bol, mélangez le jaune d'œuf avec la moutarde, le vinaigre, du sel et du poivre. Versez progressivement l'huile en filet tout en fouettant énergiquement. Lorsque la mayonnaise est bien montée, réservez- la au frais.

2. Mettez les bâtonnets de surimi dans le bol du mixeur. Mixez pendant quelques secondes pour réduire le surimi en miettes.

3. Épluchez et hachez finement les échalotes. Ciselez le persil plat.

4. Ajoutez les miettes de surimi, les échalotes et le persil plat à la mayonnaise. Mélangez délicatement pour incorporer les différents ingrédients. Goûtez et rectifiez l'assaisonnement en sel et en poivre.

5. Réservez au réfrigérateur jusqu'au moment de servir. Ces rillettes de surimi se conservent pendant 2 jours au frais dans un récipient hermétique.

CONSEIL

Vous pouvez servir ces rillettes de surimi sur des blinis au sarrasin (voir recette p. 92) ou des galettes de maïs soufflé (au rayon bio des grandes surfaces).

Crackers aux graines

Pour 6 à 8 personnes (50 crackers) / 30 min de préparation / 15 min de cuisson

Ingrédients

40 g de graines de courge
20 g de graines de tournesol
10 g de graines de lin
150 g de farine
½ cuil. à café de sel
1 cuil. à soupe de miel
3 cuil. à soupe d'huile d'olive

Matériel

Mixeur
Emporte-pièce carré de 4 cm de côté
Papier sulfurisé

1. Placez les graines de courge, les graines de tournesol et les graines de lin dans le bol du mixeur. Mixez pendant quelques secondes, jusqu'à obtention d'une poudre grossière.

2. Dans un saladier, mélangez la farine avec les graines mixées et le sel. Versez le miel et l'huile d'olive, puis mélangez du bout des doigts pour obtenir une pâte d'une texture sableuse. Ajoutez 5,5 cl d'eau et pétrissez jusqu'à ce que la pâte soit homogène et forme une boule. Si la pâte est trop sèche, rajoutez un petit peu d'eau. Si elle est trop collante, rajoutez un peu de farine.

3. Préchauffez le four à 150 °C (th. 5). Farinez le plan de travail. Étalez la pâte très finement au rouleau à pâtisserie, sur 2 mm d'épaisseur. Découpez dans la pâte des carrés de 4 cm de côté à l'aide de l'emporte-pièce, puis posez- les sur une plaque de cuisson tapissée de papier sulfurisé.

4. Enfournez les crackers pour 15 min de cuisson. Au terme de la cuisson, sortez- les du four et laissez-les refroidir sur une grille avant de les déguster.

VARIANTE

Parfumez les crackers avec des épices (cumin, curry, paprika, etc.), ils accompagneront alors parfaitement du guacamole *(voir recette p. 24).*

Blinis au sarrasin

Pour 6 à 8 personnes (30 blinis) / 15 min de préparation / 3 min de cuisson par fournées

Ingrédients

2 œufs
1 pincée de sel
150 g de farine de sarrasin
1 sachet de levure chimique
2 yaourts nature
1 cuil. à soupe d'huile d'olive

1. Dans un saladier, battez les œufs en omelette à la fourchette avec la pincée de sel. Incorporez la farine et la levure chimique. Mélangez à l'aide d'un fouet jusqu'à ce que la pâte soit bien lisse. Ajoutez ensuite les yaourts et mélangez à nouveau.

2. Faites chauffer l'huile d'olive dans une poêle. Enlevez l'excès d'huile à l'aide d'une feuille de papier absorbant.

3. Pour faire cuire un blinis, versez l'équivalent de 1 demi-cuil. à soupe de pâte dans la poêle, puis étalez-la légèrement pour donner aux blinis une forme ronde. Vous pouvez faire cuire plusieurs blinis à la fois dans la même poêle. Au bout de 1 min environ, lorsque des trous apparaissent à la surface des blinis, retournez-les et prolongez la cuisson de 1 ou 2 min. Répétez l'opération jusqu'à épuisement de la pâte.

4. Dégustez les blinis tièdes directement après cuisson, ou gardez-les pour plus tard. Dans ce cas, réchauffez- les au four à micro-ondes pendant 30 sec à 600 W.

VARIANTE

Pour une version épicée et colorée, vous pouvez réaliser les blinis avec de la farine de blé et les parfumer avec du curcuma et du curry.

Scones salés

Pour 6 à 8 personnes (15 scones) / 20 min de préparation / 10 à 12 min de cuisson / 30 min de repos

Ingrédients

250 g de farine
1 sachet de levure chimique
40 g de beurre demi-sel froid
1 œuf battu
10 cl de lait

Matériel

Emporte-pièce rond de 5 cm de diamètre ou emporte-pièce en forme de triangle de 5 cm de côté
Papier sulfurisé

1. Préchauffez le four à 180 °C (th. 6). Dans un saladier, tamisez la farine et la levure, puis mélangez- les. Ajoutez le beurre préalablement coupé en petits morceaux et mélangez du bout des doigts jusqu'à obtention d'un mélange sableux.

2. Creusez un puits dans la préparation, puis versez-y l'œuf battu et le lait. Pétrissez rapidement jusqu'à obtention d'une pâte bien lisse.

3. Sur le plan de travail fariné, étalez la pâte sur une épaisseur de 1,5 cm à l'aide d'un rouleau à pâtisserie. Découpez dans la pâte des cercles ou des triangles à l'aide de l'emporte- pièce de votre choix. Déposez les ronds ou les triangles sur une plaque de cuisson tapissée de papier sulfurisé.

4. Enfournez pour 10 à 12 min de cuisson. À la sortie du four, laissez refroidir les scones avant de les ouvrir en deux et de les garnir avec la tartinade de votre choix.

CONSEIL

Vous pouvez parfumer les scones avec des herbes, des épices, des fruits secs ou des graines en fonction de la tartinade choisie pour les garnir.

Gaspacho andalou

Ingrédients
1 concombre épluché
1 kg de tomates
1 poivron rouge émincé
1 oignon nouveau
1 gousse d'ail haché
100 g de pain rassis
2 cuil. à soupe de vinaigre de vin
3 cuil. à soupe d'huile d'olive
6 gouttes de Tabasco
Sel, poivre
Quelques glaçons

Pour 8 personnes / 20 min de préparation / 2 h de repos

1. Retirez les pédoncules des tomates et incisez-les. Mettez-les dans un grand saladier, et versez dessus de l'eau bouillante.

2. Laissez ainsi pendant 1 min, puis videz l'eau et passez-les sous l'eau froide. Épluchez les tomates.

3. Mixez le pain rassis et tous les légumes jusqu'à obtention d'une purée liquide. Versez ce gaspacho dans un grand saladier et ajoutez le vinaigre, l'huile d'olive, le Tabasco, salez et poivrez. Déposez 6 à 8 glaçons à la surface et laissez reposer au frais.

Velouté de courgettes

Ingrédients
1 kg de courgettes émincées
100 g de fromage de chèvre sec coupé en petits morceaux
2 oignons blancs hachés
2 gousses d'ail hachées
100 g d'olives noires dénoyautées et hachées
10 cl de crème fraîche
2 tablettes de bouillon de volaille
Sel, poivre

Pour 8 personnes / 20 min de préparation / 25 min de cuisson

1. Dans une grande casserole, mettez 50 cl d'eau, les courgettes, les oignons, l'ail, du sel, du poivre et le bouillon. Portez à ébullition et laissez cuire 15 min.

2. Égouttez les légumes, et réservez le bouillon. Passez les courgettes au moulin à légumes, ajoutez la crème fraîche, puis versez petit à petit le bouillon pour obtenir la texture que vous souhaitez. Laissez refroidir et saupoudrez de miettes d'olives et de fromage de chèvre.

Verrines de foie gras, compotée de poires et pain d'épice

Pour 8 verrines / 30 min de préparation / 15 min de cuisson

Ingrédients

La compotée de poires

3 petites poires épluchées, épépinées et coupées en dés
1 grosse pincée de sucre roux
1 petite poignée de raisins secs

La crème de foie gras

½ bloc de foie gras
1 cuil. à soupe de mascarpone
2 cuil. à soupe de crème liquide entière

La chapelure

2 tranches de pain d'épice

Matériel

Mixeur
Poche à douille

1. Préparez la compotée de poires. Dans une casserole, faites cuire les poires avec le sucre, un peu d'eau et les raisins. Laissez compoter pendant 10 à 15 min, puis mixez le tout.

2. Pendant ce temps, préparez la crème de foie gras. Écrasez le demi-bloc de foie gras à la fourchette puis ajoutez le mascarpone et la crème. Mélangez énergiquement le tout et mettez dans la poche à douille. Placez au frais pendant 5 min.

3. Procédez au dressage des verrines. Dans le fond d'une verrine, disposez un morceau de pain d'épice, 1 cuil. à café de compotée de poires, puis la crème de foie gras.

4. Vous pouvez réaliser une chapelure de pain d'épice en faisant griller les tranches et en les passant au mixeur. Saupoudrez les verrines de cette chapelure pour la décoration. Mettez au frais jusqu'au moment de servir.

CONSEIL

Vous pouvez préparer la compotée de poires deux ou trois jours avant, et composer les verrines la veille pour le lendemain, à condition de couvrir chaque verrine de film alimentaire et de les conserver au réfrigérateur.

Verrines duo de chou-fleur et betterave

Pour 10 verrines / 20 min de préparation / 10 min de cuisson

Ingrédients
250 g de chou-fleur
250 g de betterave cuite
1 petit-suisse
1 cuil. à soupe de persil
1 pincée de cumin en poudre
1 cuil. à soupe de ricotta
2 cuil. à soupe de crème liquide
1 cuil. à café de jus de citron
4 pincées de curry en poudre
1 cuil. à soupe de ciboulette hachée + pour la décoration
1 cuil. à soupe de graines de sésame noir
Sel

Matériel
Mixeur

1. Faites bouillir une casserole d'eau et faites cuire le chou-fleur 10 min. Égouttez-le et laissez-le refroidir.

2. Dans le bol du mixeur, placez la betterave, le petit-suisse, le persil et le cumin puis mixez jusqu'à ce que la préparation soit lisse. Transvasez la préparation dans un bol et réservez-la au frais.

3. Quand le chou-fleur est refroidi, placez-le dans le bol du mixeur avec la ricotta, la crème, le jus de citron, le curry, du sel et la ciboulette. Mixez le tout jusqu'à l'obtention d'une préparation lisse.

4. Dans des verrines, disposez une couche de crème à la betterave puis la crème au chou-fleur. Pour la décoration, parsemez de graines de sésame noir et de ciboulette ciselée.

5. Conservez au frais jusqu'au moment de servir.

CONSEIL

Les verrines peuvent se préparer la veille, à condition de les protéger avec du film alimentaire et de les conserver au frais.

Verrines de foie gras à la mangue et au confit d'oignons

Pour 8 verrines / 40 min de préparation / 10 min de cuisson

Ingrédients

300 g d'oignons nouveaux
2 cuil. à soupe de miel
1 cuil. à soupe de vinaigre de xérès
1 pincée de noix muscade moulue
300 g de chair de mangue pelée
1 petite échalote
1 cuil. à café de gingembre frais haché
1 cuil. à soupe de sucre roux
Quelques gouttes de jus de citron
Le jus de ½ orange
250 à 300 g de foie gras cuit
Coriandre fraîche
Huile d'olive
Fleur de sel, poivre du moulin

Matériel

8 verrines

1. Préparez le confit d'oignons. Nettoyez et coupez finement les oignons. Dans une poêle, faites-les cuire pendant 7 ou 8 min à feu moyen avec un peu d'huile. Salez, poivrez et ajoutez le miel. Faites bouillir 1 ou 2 min avant d'ajouter le vinaigre et la noix muscade. Portez à ébullition, puis sortez du feu et laissez complètement refroidir.

2. Coupez la mangue en dés. Dans une poêle, faites revenir sans laisser colorer l'échalote pelée et hachée, dans un peu d'huile, pendant 2 ou 3 min. Ajoutez le gingembre et le sucre roux. Mélangez et laissez cuire 1 min environ de plus avant de verser les jus de citron et d'orange. Laissez cuire encore un instant, puis sortez du feu et laissez refroidir dans un bol.

3. Répartissez la mangue et son jus dans les verrines. Coupez le foie gras en 8 morceaux, puis déposez-les dans les verrines, sur la mangue. Poivrez un peu. Terminez les verrines en déposant un peu d'oignons cuits sur le foie, puis décorez avec un peu de coriandre. Salez légèrement à la fleur de sel et servez sans attendre.

Toasts frais et légers

Pour 8 personnes / 10 min de préparation / 30 min de cuisson / 30 min de repos

Ingrédients
4 pommes de terre à chair ferme
10 g de gros sel
½ concombre
½ radis noir
2 endives

1. Lavez les pommes de terre et mettez-les dans une casserole remplie d'eau froide. Placez la casserole sur feu vif. Versez le gros sel et faites cuire pendant environ 30 min. Vérifiez la cuisson des pommes de terre avec un couteau : la lame doit s'y enfoncer facilement. Au terme de la cuisson, sortez les pommes de terre de l'eau et laissez-les refroidir pendant 30 min environ.

2. Épluchez les pommes de terre puis coupez-les en rondelles. Lavez le concombre et pelez-le, en laissant une bande sur deux de peau, avant de le tailler en rondelles. Épluchez le radis noir et coupez- le également en rondelles.

3. Coupez le pied des endives et séparez les feuilles une à une. Lavez les feuilles et séchez-les avec du papier absorbant.

4. Répartissez les feuilles d'endive, les rondelles de pomme de terre, de concombre et de radis dans un plat. Servez avec diverses tartinades de votre choix.

Toasts d'asperge et jambon cru

Pour 8 toasts / 15 min de préparation / 20 min de cuisson

Ingrédients
50 g d'asperges blanches fraîches
8 asperges vertes fraîches
1 cuil. à soupe de yaourt grec
3 tranches de pain de mie
8 tranches de jambon cru
Parmesan
Sel

Matériel
Mixeur

1. Épluchez les asperges. Remplissez deux casseroles d'eau, salez et portez à ébullition.

2. Dès que l'eau bout, plongez-y les asperges. Laissez cuire 10 min les asperges blanches et 5 min les asperges vertes. Laissez refroidir.

3. Préchauffez le four à 180 °C (th. 6). Mixez les asperges blanches avec le yaourt grec. Salez. Coupez le pain de mie en bâtonnets égaux, tartinez-les de la crème aux asperges blanches.

4. Enroulez chaque asperge verte dans une tranche de jambon cru et déposez sur le pain.

5. Parsemez de parmesan et enfournez pour 10 min de cuisson. Servez bien chaud.

CONSEIL

Vous pouvez préparer les toasts le matin pour le soir et les enfourner au dernier moment.

Bruschetta pommes caramélisées, gouda et lardons

Pour 10 bruschettas / 20 min de préparation / 10 à 15 min de cuisson

Ingrédients

1 pomme
1 petit oignon frais
1 noisette de beurre
2 pincées de sucre en poudre
10 morceaux de pain
1 petite barquette de lardons
60 g de gouda

1. Préchauffez le four à 180 °C (th. 6).

2. Lavez, épluchez et coupez la pomme en lanières. Épluchez et émincez l'oignon frais et réservez-le.

3. Dans une poêle, faites chauffer le beurre, puis ajoutez la pomme et saupoudrez de sucre. Laissez caraméliser 10 min sur feu moyen.

4. Disposez les morceaux de pain sur une plaque à pâtisserie. Déposez quelques lamelles de pomme, des lardons, l'oignon frais et un morceau de gouda.

5. Enfournez pour 10 à 15 min de cuisson. Servez aussitôt.

CONSEIL

Vous pouvez préparer vos bruschettas quelques heures à l'avance et les cuire au dernier moment.

Tartelettes au chèvre et compotée d'oignons

Pour 10 tartelettes / 20 min de préparation / 50 min de cuisson

Ingrédients

2 oignons rouges
1 cuil. à soupe d'huile d'olive
5 cl de vin rouge
5 cl de vinaigre balsamique
2 cuil. à soupe de sucre en poudre
2 pincées de quatre-épices
1 pâte brisée maison
1 bûche de chèvre

Matériel

Emporte-pièce rond

1. Préchauffez le four à 180 °C (th. 6). Épluchez et émincez les oignons.

2. Dans une poêle, faites chauffer l'huile puis faites-y revenir les oignons. Quand ils commencent à devenir translucides, ajoutez le vin rouge, le vinaigre, 5 cl d'eau, le sucre et le quatre-épices, puis laissez mijoter 30 min.

3. Pendant ce temps, étalez la pâte brisée au rouleau à pâtisserie et, à l'aide de l'emportepièce, découpez des ronds de pâte. Disposez-les sur une plaque à pâtisserie.

4. Sur chaque rond de pâte, déposez 1 cuil. à soupe de compotée d'oignons et 1 rondelle de chèvre. Enfournez pour 20 min de cuisson.

CONSEIL

Vous pouvez réaliser vos tartelettes quelques heures à l'avance et les faire cuire au dernier moment.

Oeufs de caille au plat et bacon

Pour 8 personnes / 5 min de préparation / 10 min de cuisson

Ingrédients

8 tranches fines de baguette aux céréales
8 œufs de caille
30 g de beurre
8 tranches de bacon fumé
2 cuil. à soupe d'huile d'olive

1. Dans une poêle, faites chauffer l'huile d'olive. Cassez les œufs de caille et faites-les cuire. Poivrez. Parallèlement, faites griller les tranches de pain au four.

2. Tartinez le pain de beurre. Couvrez-le avec 1 tranche de bacon et 1 œuf de caille.

Coppa et figues

Pour 8 personnes / 5 min de préparation

Ingrédients

8 tranches fines de pain aux noix
8 tranches de coppa
4 figues fraîches
1 gousse d'ail

1. Faites griller les tranches de pain au four. Sortez-les et frottez-les avec la gousse d'ail.

2. Recouvrez chaque tranche de pain avec 1 tranche de coppa. Coupez chaque figue en 6 quartiers et disposez-en 3 sur chaque canapé.

Mini-sandwichs basques

Pour une douzaine de mini-sandwichs / 15 min de préparation

Ingrédients

12 tranches de pain au seigle complet (pain allemand)
60 g de beurre
180 g de fromage de brebis
1 pot de confiture de cerise noire

Matériel

Emporte-pièce étoile

1. Découpez avec l'emporte-pièce 24 petites étoiles de pain de seigle. Tartinez-les de beurre.

2. À l'aide d'une râpe fine (type Microplane®), râpez le fromage. Sur la moitié des étoiles de pain disposez généreusement le fromage de brebis puis placez au milieu une cuillère de cerise noire. Refermez chaque mini-sandwich avec le reste du pain et servez aussitôt.

Mini-sandwichs nordiques

Pour une douzaine de mini-sandwichs / 15 min de préparation

Ingrédients

12 tranches de pain suédois
200 g de mascarpone
2 cuil. à café de raifort
½ citron jaune
¼ de botte de ciboulette
1 avocat
6 tranches de saumon fumé
Fleur de sel

Matériel

Emporte-pièce rond

1. Préparez la crème de mascarpone. Coupez finement la ciboulette. Prélevez les zestes du demi-citron. Dans un récipient, mélangez le mascarpone avec le raifort, les zestes de citron et la ciboulette. Salez.

2. Pressez le jus du citron. Pelez l'avocat, retirez le noyau puis arrosez-le d'un mince filet de jus de citron pour éviter qu'il ne noircisse. Découpez ensuite l'avocat en petits dés. Coupez les tranches de saumon fumé en lanières.

3. À l'aide de l'emporte-pièce, découpez environ 24 ronds dans les tranches de pain. Tartinez-les de crème au mascarpone, disposez sur la moitié des ronds des dés d'avocat et des lanières de saumon. Saupoudrez de fleur de sel. Refermez les mini-sandwichs avec le reste des ronds de pain. Vous pouvez maintenir vos mini-sandwichs à l'aide d'une petite pique en bois. Servez aussitôt.

Mini-sandwichs cheddar au chutney d'abricots

Pour une douzaine de mini-sandwichs / 20 min de préparation / 30 min de cuisson

Ingrédients

12 tranches de pain de mie aux 7 céréales sans croûte
6 tranches de cheddar

Pour le chutney d'abricots

200 g d'abricots secs
1 gousse d'ail
½ oignon
100 g de sucre roux
20 cl de vinaigre de cidre
1 cuil. à soupe de gingembre frais haché
1 zeste d'orange
1 zeste de citron

Matériel

Emporte-pièce étoile

1. Découpez en petits cubes les abricots secs. Pelez la gousse d'ail et écrasez-la. Épluchez et émincez finement le demi-oignon.

2. Dans une casserole, réunissez tous les ingrédients du chutney et faites cuire à feu doux pendant environ 30 min. Le mélange doit compoter et être sirupeux. Retirez la gousse d'ail et les zestes, puis laissez refroidir.

3. Faites toaster les tranches de pain de mie. À l'aide de l'emporte-pièce, découpez 24 étoiles de pain et 12 de tranches de cheddar. Tartinez généreusement la moitié des tranches de pain avec le chutney d'abricots, disposez par-dessus une étoile de cheddar puis refermez avec le reste du pain. Vous pouvez maintenir vos mini-sandwichs à l'aide d'une petite pique en bois. Servez aussitôt.

Sablés croustillants au chèvre et à la tomate séchée

Pour 10 sablés / 20 min de préparation / 1 h de réfrigération / 10 min de cuisson

Ingrédients

50 g de farine
50 g de flocons d'avoine
1 pincée de sel
50 g de beurre mou
2 cuil. à soupe de lait
3 pétales de tomate séchée
1 crottin de chèvre

Matériel

Film alimentaire

1. Dans un saladier, mélangez du bout des doigts la farine, les flocons d'avoine, le sel et le beurre mou. Une fois le mélange à consistance sableuse, ajoutez le lait et mélangez jusqu'à obtention d'une boule de pâte homogène. À ce stade, ajoutez les pétales de tomate séchée découpées en petits dés et le crottin de chèvre détaillé en dés également. Mélangez vivement.

2. Roulez la pâte en forme de boudin et enveloppez-le de fi lm alimentaire. Réservez-le au frais pendant 1 h.

3. Préchauffez le four à 180 °C (th. 6). Sortez le boudin de pâte du réfrigérateur et découpez-le en tranches. Disposez-les sur une plaque à pâtisserie et enfournezles pour 10 min de cuisson.

4. Décollez les sablés de la plaque à l'aide d'une spatule et laissez-les refroidir sur une grille.

CONSEILS

Les sablés peuvent se conserver un à deux jours dans une boîte hermétique. Vous pouvez réaliser le boudin de pâte plusieurs heures à l'avance, voire la veille.

Tuiles salées carotte, pavot et parmesan

Pour 10 tuiles / 10 min de préparation / 10 min de cuisson

Ingrédients

1 carotte
30 g de beurre
50 g de farine
50 g de parmesan râpé
2 cuil. à café de graines de pavot
1 blanc d'œuf
4 cuil. à soupe de lait

1. Préchauffez le four à 180 °C (th. 6). Lavez et râpez la carotte. Dans un bol, faites fondre le beurre.

2. Dans un saladier, mélangez la farine, le parmesan et les graines de pavot. Ajoutez le blanc d'œuf, le beurre, le lait et la carotte. Mélangez bien.

3. Sur une plaque à pâtisserie, disposez des petits tas de pâte et enfournez pour 10 min de cuisson en surveillant bien.

4. Sortez du four, décollez les tuiles de la plaque et placez-les sur un rouleau à pâtisserie pour qu'elles s'arrondissent en refroidissant. Dégustez chaud ou froid.

CONSEILS

Les tuiles se ramollissent un peu en refroidissant mais conservent toujours leur goût. Vous pouvez préparer la pâte plusieurs heures à l'avance et faire cuire les tuiles au dernier moment.

Croquants tomate séchée, pignon et tapenade

Pour 13 croquants / 20 min de préparation / 1 h à 2 h de réfrigération / 25 min de cuisson

Ingrédients

185 g de farine blanche
70 g de beurre mou
2 pincées de sel
30 g de parmesan
1,5 cuil. à soupe de tapenade maison
1 œuf
4 pétales de tomate séchée
2 cuil. à soupe de pignons de pin

Matériel

Film alimentaire

1. Dans un saladier, mélangez du bout des doigts la farine, le beurre et le sel. Ajoutez ensuite le parmesan, la tapenade et l'oeuf, puis mélangez vivement. Découpez en dés les pétales de tomate séchée et concassez les pignons. Ajoutez les pétales de tomate et les pignons à la pâte puis malaxez énergiquement avec les mains.

2. Sur du film alimentaire, disposez la pâte et formez un boudin. Emballez-le bien et placez-le au frais de 1 à 2 h.

3. Préchauffez le four à 180 °C (th. 6). Sortez le boudin du réfrigérateur et découpez-le en palets. Disposez-les sur une plaque à pâtisserie et enfournez pendant 20 à 25 min.

4. Sortez les palets du four et décollez-les de la plaque. Laissez refroidir avant de consommer.

CONSEILS

Vous pouvez réaliser le boudin de pâte plusieurs heures à l'avance, voire la veille. Les palets, une fois cuits, se conservent une journée dans une boîte hermétique.

Gressins express curry-romarin

Pour 10 gressins / 10 min de préparation / 8 min de cuisson

Ingrédients
40 g de farine complète
60 g de farine blanche
1 pincée de sel
1 cuil. à café de curry de Madras
1 cuil. à café de romarin ciselé
3 cuil. à soupe d'huile d'olive

1. Préchauffez le four à 200 °C (th. 6-7).

2. Dans un saladier, mélangez les farines avec le sel, le curry et le romarin. Ajoutez l'huile et 4 cuil. à soupe d'eau, puis mélangez jusqu'à former une boule homogène.

3. Farinez le plan de travail et étalez la pâte en carré de 18 cm de côté. Découpez 10 bandes et disposez-les sur une plaque à pâtisserie. Enfournez-les pour 8 min de cuisson.

4. Sortez du four, décollez les bandes de la plaque de cuisson et laissez refroidir. Dégustez nature ou trempés dans une sauce.

CONSEILS

Vous pouvez réaliser la pâte la veille et la cuire peu de temps avant de servir. Vous pouvez conserver les gressins cuits deux jours dans une boîte hermétique.

Churros lardon-tomme

Pour 10 churros / 10 min de préparation / 5 min de cuisson

Ingrédients

175 g de farine
1 cuil. à café de paprika
25 cl d'eau bouillante
75 g de lardons
50 g de tomme
Huile de friture

Matériel

Appareil à churros ou poche à douille
Friteuse

1. Faites chauffer une bonne quantité d'huile dans une friteuse.

2. Dans un saladier, mélangez la farine, le paprika et l'eau. Ajoutez les lardons et la tomme découpée en morceaux. Mélangez bien pour que la pâte soit homogène.

3. Mettez la pâte dans un appareil à churros ou dans une poche à douille. Lorsque l'huile est bien chaude, confectionnez les churros avec l'appareil et coupez avec une paire de ciseaux des morceaux de pâte. Faites-les frire 5 min.

4. Servez les churros chauds ou tièdes.

CONSEIL

Les churros ne peuvent pas se préparer à l'avance.

Beignets de crevettes à la noix de coco

Pour 6 personnes / 15 min de préparation / 3 min de cuisson

Ingrédients
24 crevettes
50 g de farine
2 œufs
100 g de noix de coco râpée
1 citron vert
Huile de friture

Matériel
Friteuse

1. Décortiquez les crevettes en prenant soin de laisser l'extrémité de la queue intacte.

2. Versez la farine dans une assiette creuse, les œufs battus dans une autre et la noix de coco râpée dans une troisième. Trempez les crevettes dans la farine, puis dans l'œuf et enfin dans la noix de coco.

3. Plongez les crevettes dans l'huile à 180 °C pendant quelques minutes et servez avec le citron vert en quartiers.

Nems aux légumes et au poulet

Pour 8 nems / 30 min de préparation / 20 min de cuisson

Ingrédients

2 escalopes de poulet (250 g)
1 courgette
1 carotte
1 cuil. à soupe d'huile d'olive
30 g de vermicelles de riz
30 g de pousses de soja égouttées
8 feuilles de riz
Huile de friture
Sel

Matériel

Mixeur

1. Mixez le poulet avec la courgette et la carotte lavées et épluchées. Dans une poêle, faites chauffer l'huile d'olive et faites-y revenir le poulet mixé avec les légumes. Salez.

2. Pendant ce temps, faites chauffer de l'eau dans une casserole, puis versez-la dans un saladier. Trempez-y les vermicelles de riz pendant 5 min pour les réhydrater. Égouttez les pousses de soja. Après avoir enlevé les vermicelles de riz, dans la même eau chaude, réhydratez les feuilles de riz une à une.

3. Déposez une feuille de riz sur un torchon propre et épongez-la délicatement. Sur l'extrémité, déposez 1 cuil. à soupe de poulet aux légumes, 1 cuil. à soupe de vermicelles de riz et quelques pousses de soja. Roulez sur 5 cm, puis rabattez les bords droit et gauche avant de fi nir de rouler. Répétez l'opération avec le reste des feuilles de riz et de préparation.

4. Dans une poêle à bord haut, faites chauffer 5 cm d'huile. Faites-y frire les nems 5 min de chaque côté. Prenez garde à ce qu'ils ne se collent pas ensemble. Égouttez sur du papier absorbant.

5. Servez les nems chauds avec de la salade, des feuilles de menthe et une sauce pour nems.

CONSEIL

Vous pouvez réaliser ces nems quelques heures à l'avance et les cuire au dernier moment.

Queues de crevettes grillées au citron vert, piment et coriandre

Pour 10 personnes / 15 min de préparation / 10 min de cuisson / 30 min de marinade

Ingrédients

1 kg de crevettes crues entières
1 piment rouge, long et pas trop fort
3 cm de racine de gingembre frais
2 citrons verts
2 bottes de coriandre
2 cuil. à soupe de sauce nuoc-mâm
4 cuil. à soupe d'huile d'olive
Sel, poivre

1. Retirez le pédoncule du piment et coupez-le en deux dans le sens de la longueur. Retirez les graines. Détaillez le piment en fines lamelles.

2. Épluchez le gingembre puis hachez-le le plus finement possible. Pressez les citrons verts. Effeuillez la coriandre.

3. Dans un grand saladier, mélangez les crevettes entières avec le jus de citron, la sauce nuoc-mâm, le gingembre, le piment, du sel et du poivre. Laissez mariner 30 min minimum au réfrigérateur en mélangeant de temps en temps.

4. Dans une très grande poêle chaude ou plusieurs petites poêles, faites chauffer l'huile jusqu'à ce qu'elle soit fumante. Jetez-y les crevettes rapidement égouttées et faites-les sauter afin de bien les griller sur toutes les faces.

5. Lorsque les crevettes sont grillées, recroquevillées et toutes rouges, ajoutez la marinade et la coriandre. Mélangez rapidement et versez le tout dans votre saladier. Servez de suite et pensez à donner un rince-doigts à vos convives.

CONSEILS

À l'apéritif, on a le droit de manger avec les doigts ! En effet, les crevettes cuites dans leur carapace sont bien meilleures que cuites complètement décortiquées.

Feuilletés d'escargot en persillade

Pour 10 feuilletés / 10 min de préparation / 30 min à 1 h de réfrigération / 15 min de cuisson

Ingrédients

20 escargots de Bourgogne
25 g de beurre
½ bouquet de persil plat
2 gousses d'ail
½ pâte feuilletée

Matériel

Mixeur

1. Disposez dans le bol du mixeur les escargots, le beurre, le persil et les gousses d'ail épluchées. Mixez jusqu'à obtention d'une préparation fine et homogène.

2. Étalez la préparation sur la pâte feuilletée, roulez celle-ci et mettez au frais pendant 30 min à 1 h.

3. Préchauffez le four à 180 °C (th. 6). Sortez la pâte, découpez-la en tranches et disposez-les sur une plaque à pâtisserie. Enfournez pour 15 min de cuisson. Sortez du four, décollez de la plaque et servez chaud.

CONSEIL

Vous pouvez réaliser le rouleau de pâte la veille ou découper la pâte en tronçons et les congeler

Sucettes de tomates cerise

Pour 10 sucettes / 15 min de préparation / 10 min de cuisson

Ingrédients

10 tomates cerise

5 cuil. à soupe de sucre en poudre

2 cuil. à soupe de sésame

Matériel

10 bâtons de sucette

1. Dans une casserole, faites chauffer le sucre avec 1 cuil. à café d'eau jusqu'à ce que le mélange brunisse. Laissez reposer 2 à 3 min hors du feu.

2. Lavez les tomates cerise et plantez-les sur les bâtons de sucette. Plongez-les dans le caramel et passez-les ensuite dans les graines de sésame. Laissez refroidir avant de déguster.

Brochettes de bœuf en yakitori

Pour 4 personnes / 20 min de préparation / 10 min de cuisson

Ingrédients

3 blancs de poulet
2 blancs de poireau ou 4 mini-poireaux primeurs
1 cuil. à soupe d'huile d'olive

Sauce

6 cuil. à soupe de sauce soja
6 cuil. à soupe de saké
4 cuil. à soupe de sucre

Matériel

12 « kushi », brochettes en bois ou en bambou de 15 cm

1. Lavez les poireaux et découpez-les en tronçons de 1 cm (ou en segments de 4 cm si vous avez des poireaux primeurs).

2. Découpez les blancs de poulet en deux, dans la longueur. Coupez des morceaux de la taille d'une bouchée.

3. Assemblez les brochettes en alternant morceaux de poulet et de poireau.

4. Dans un bol, mélangez tous les ingrédients de la sauce jusqu'à ce que le sucre soit dissous.

5. Chauffez l'huile dans une poêle, faites-y cuire les brochettes, d'abord à feu vif, puis diminuez à feu moyen et laissez cuire à couvert. Retournez les brochettes toutes les 2 min. Lorsqu'elles sont presque cuites, versez la sauce et laissez frémir à découvert jusqu'à ce qu'elle épaississe. Remuez pour éviter qu'elle n'attache. Lorsqu'elle prend une apparence laquée, servez les brochettes et nappez-les de cette sauce.

CONSEIL

Pour éviter qu'elles ne brûlent pendant la cuisson, faites tremper les piques à brochette dans de l'eau au moins 3 h avant.

Brochettes de poulet sauce satay

Pour 8 mini-brochettes / 10 min de préparation / 1 h à 1 nuit de marinade / 5 à 8 min de cuisson

Ingrédients

2 escalopes de poulet
Graines de sésame

La marinade

1 cuil. à soupe de beurre de cacahuètes
3 cuil. à soupe de lait de coco
1 gousse d'ail
2 cuil. à café de miel
1,5 cuil. à soupe de sauce soja
1 cuil. à café de citron vert
½ cuil. à café de curry
½ cuil. à café de gingembre
Quelques gouttes de Tabasco

Matériel

Piques en bois

1. Dans un bol, mélangez tous les ingrédients de la marinade.

2. Découpez le poulet en morceaux et faites-les mariner 1 h au frais (idéalement toute une nuit).

3. Embrochez les morceaux de viande sur les piques en bois et grillez-les dans une poêle pendant 5 à 8 min.

4. Servez bien chaud après avoir parsemé les brochettes de quelques graines de sésame.

Brochettes de melon au chèvre et aux fines herbes

Pour 10 mini-brochettes / 20 min de préparation

Ingrédients

½ melon

Persil

Ciboulette

1 fromage de chèvre frais (type Chavroux®)

Matériel

Cuillère à pomme parisienne

Piques en bois

1. À l'aide d'une petite cuillère ou, mieux, d'une cuillère à pomme parisienne, formez des billes dans la chair du melon. Ciselez le persil et la ciboulette dans un bol.

2. Prélevez 1 cuil. à café de chèvre frais et roulez-la entre vos mains pour en faire une boule. Passez cette boule dans le mélange persil-ciboulette.

3. Sur les piques en bois, intercalez 1 bille de melon et 1 bille de chèvre (collez la bille de chèvre sur le melon). Puis réservez au frais.

CONSEILS

Les mini-brochettes peuvent se préparer quelques heures avant le service. Pour la décoration, piquez les brochettes sur le demi-melon évidé. Vous pouvez enrouler un morceau de jambon cru ou de bacon autour du melon. Vous pouvez également enrober le chèvre de quelques grains de raisin sans pépins et les passer dans des graines de sésame et du paprika…

Boulettes de bœuf et chutney de figue

Pour 10 boulettes / 20 min de préparation / 50 min de cuisson

Ingrédients

Pour les boulettes

2 steaks hachés (environ 200 g)
1 cuil. à café de raisins secs
4 pincées de cannelle
1 cuil. à soupe de chapelure
1 cuil. à café de Worcestershire sauce (sauce anglaise)
1 cuil. à soupe de pignons de pin
2 cuil. à soupe d'huile d'olive

Pour le chutney de figues

1 sachet de thé orange-cannelle
1 cuil. à café d'huile d'olive
4 figues
1 cuil. à café de miel

1. Préparez les boulettes. Dans un saladier, mélangez avec les mains la viande hachée, les raisins secs, la cannelle, la chapelure, la Worcestershire sauce et les pignons de pin concassés. Une fois le mélange bien homogène, confectionnez des petites boulettes. Prenez l'équivalent d'une noix de préparation et roulez-la entre vos mains. Réservez la boulette ainsi obtenue dans une assiette et faites de même avec le reste de la préparation.

2. Dans une poêle, faites chauffer l'huile. Faites frire les boulettes dans l'huile bien chaude pendant à peu près 5 min. Elles doivent être bien dorées. Réservez-les au chaud. Préparez le chutney de fi gue. Faites chauffer 15 cl d'eau et faites infuser le thé 10 min. Pendant ce temps, dans une casserole, faites chauffer l'huile d'olive puis ajoutez les figues coupées en dés. Laissez-les cuire dans l'huile pendant 5 min tout en remuant. Ajoutez ensuite le thé et le miel, puis laissez mijoter 30 à 40 min à couvert. Servez les boulettes avec le chutney de figue.

CONSEILS

Vous pouvez réaliser le chutney deux jours à l'avance en le conservant au réfrigérateur. Vous pouvez confectionner les boulettes le matin pour le soir, voire la veille, ou même éventuellement les congeler avant cuisson et ainsi les conserver plusieurs mois.

3. Grand apéro

(POUR 12 PERSONNES ET PLUS)

Mini-sandwichs « cocktail de crevettes »

Pour une douzaine de mini-sandwichs / 20 min de préparation

Ingrédients

6 tranches de pain suédois
¼ de salade iceberg
Une douzaine de crevettes roses cuites
1 cuil. à soupe de graines de pavot

Pour la sauce cocktail

175 g de mayonnaise
25 cl de ketchup
2 gouttes de Tabasco®
1 cuil. à café de cognac

Matériel

Emporte-pièce rond

1. Mélangez tous les ingrédients de la sauce cocktail.

2. Taillez la salade iceberg en fines lanières. Décortiquez les crevettes. Dans un récipient, mélangez les crevettes avec la salade, les graines de pavot et liez le tout avec de la sauce cocktail.

3. Découpez 24 ronds de pain suédois, sur la moitié disposez le mélange de cocktail aux crevettes puis refermez les mini-sandwichs avec le reste des ronds de pain. Vous pouvez maintenir vos mini-sandwichs à l'aide d'une petite pique en bois. Servez aussitôt.

Assortiment de crostinis

Pour 10 personnes / 30 min de préparation

Ingrédients
2 bonnes baguettes
Une dizaine de tomates bien mûres
1 gousse d'ail
1 boule de mozzarella de bufflonne
1 oignon nouveau
1 petit pot de pesto
Une douzaine d'anchois marinés au vinaigre
1 poignée de roquette
3 tranches de jambon cru italien
4 cuil. à soupe d'huile d'olive
Sel, poivre

1. Préchauffez votre four à 120 °C (th. 4). Coupez les baguettes en fines tranches et disposez-les sur des plaques allant au four. Enfournez pendant 30 à 45 min en ouvrant la porte du four deux à trois fois durant la cuisson. Les tranches doivent sécher, dorer et devenir croustillantes.

2. Sortez du four et laissez refroidir. Retirez le pédoncule des tomates et incisez-les à la base. Ébouillantez-les pendant 1 min dans une casserole d'eau. Épluchez-les.

3. Pressez-les entre vos mains afin de retirer les grains et hachez finement la chair. Épluchez et hachez la gousse d'ail, puis mélangez-la aux tomates. Assaisonnez avec 2 cuil. à soupe d'huile d'olive, du sel et du poivre.

4. Égouttez la mozzarella et découpez-la en fines tranches. Nettoyez et émincez finement l'oignon. Étalez ce tartare de tomates sur les tranches de pain.

5. Disposez sur un tiers des crostinis 1 tranche de mozzarella et du pesto ; sur un autre tiers, un anchois et de la roquette ; sur le dernier tiers, le jambon et les tranches d'oignons. Versez l'huile d'olive sur tous.

VARIANTES

Voici d'autres idées de garniture : artichauts grillés et anchois au sel ; copeaux de parmesan et quelques gouttes de vinaigre balsamique réduit en sirop ; de fines tranches de salami piquant des Abruzzes et des pétales de tomates confites ; des olives noires hachées, de la ricotta et de petites feuilles de basilic.

Verrines poire, roquefort et jambon cru

Pour 12 verrines / 20 min de préparation / 5 min de cuisson / 1 h de réfrigération

Ingrédients
3 poires
2 cuil. à café de sucre en poudre
½ cuil. à soupe d'huile d'olive
½ roquefort
10 cuil. à soupe de crème liquide entière
6 tranches de jambon cru

Matériel
Mixeur

1. Épluchez et épépinez les poires. Faites chauffer l'huile dans une poêle et faites-y compoter les poires avec le sucre pendant 5 min. Réservez sur une assiette.

2. Coupez en morceaux le roquefort, disposez ces derniers dans le mixeur avec la crème et mixez jusqu'à l'obtention d'une préparation homogène. Coupez le jambon cru en morceaux.

3. Dans les verrines, disposez les poires, 2 cuil. à café de crème de roquefort et parsemez de jambon cru. Mettez au frais 1 h avant de servir.

CONSEIL

Les verrines peuvent se préparer le matin pour le soir.

Verrines de saumon, avocat et pomme verte

Pour 16 verrines / 15 min de préparation

Ingrédients

4 petites tranches de saumon fumé
1 avocat
½ pomme granny-smith
1 petit pot de crème épaisse à 3 % de MG
2 cuil. à soupe de jus de citron
1 bonne cuil. à soupe de ciboulette

1. Épluchez et coupez en dés l'avocat et la pomme, puis citronnez-les légèrement. Détaillez le saumon en dés.

2. Dans un saladier, mélangez la crème, le jus de citron restant, la ciboulette ciselée, l'avocat, la pomme et le saumon. Mélangez bien et disposez dans des verrines.

3. Conservez au frais jusqu'au moment de servir.

CONSEIL

Vous pouvez réaliser vos verrines 1 h à l'avance.

Galettes de pomme de terre, carotte et parmesan

Pour 20 galettes / 15 min de préparation / 10 min de cuisson

Ingrédients
350 g de pommes de terre déjà cuites sans la peau
1 carotte
1 œuf
1 gousse d'ail
50 g de parmesan
1 cuil. à soupe de persil
3 cuil. à soupe d'huile d'olive

Matériel
Mixeur

1. Dans un saladier, écrasez les pommes de terre en purée. Épluchez et mixez finement la carotte et ajoutez-la aux pommes de terre. Ajoutez l'œuf, la gousse d'ail épluchée et écrasée, le parmesan et le persil.

2. Formez des petites galettes et réservez-les dans une assiette.

3. Faites chauffer l'huile d'olive dans une poêle et faites cuire les galettes 5 min de chaque côté. Réservez sur du papier absorbant et servez chaud.

CONSEILS

La carotte peut être remplacée par un autre légume, comme la courgette. Vous pouvez façonner vos galettes quelques heures avant de les cuire.

Galettes de lentilles menthe-curcuma

Pour 20 galettes / 20 min de préparation / 10 min de cuisson

Ingrédients

135 g de lentilles vertes
1 carotte
75 g de lardons
½ cuil. à café de curcuma en poudre
1 œuf
1 cuil. à soupe de farine
1 branche de menthe fraîche
3 cuil. à soupe de chapelure
5 cuil. à soupe d'huile d'olive

Matériel

Mixeur

1. Faites cuire les lentilles 30 min dans une casserole d'eau bouillante. Épluchez et lavez la carotte. Mixez-la et faites-la revenir dans une poêle avec 1 cuil. à soupe d'huile d'olive. Ajoutez les lardons, les lentilles cuites et le curcuma. Faites cuire 10 min supplémentaires.

2. Disposez la préparation dans un saladier, ajoutez l'œuf, la farine et la menthe ciselée. Mélangez bien.

3. Prenez une noix de préparation, roulez-la et aplatissez-la en galette. Passez celle-ci dans la chapelure et réservez. Faites de même avec le reste de la préparation.

4. Dans une poêle, faites chauffer les 4 cuil. à soupe d'huile restantes et faites dorer les galettes 5 min de chaque côté. Servez bien chaud.

CONSEIL

Vous pouvez réaliser les galettes à l'avance et les réchauffer au four à micro-ondes.

Feuilletés emmental, pavot et sésame

Pour 20 feuilletés / 10 min de préparation / 5 min de cuisson

Ingrédients

1 pâte feuilletée

Emmental râpé

Graines de sésame et de pavot

Matériel

Emporte-pièce de la forme de votre choix (rond, carré, losange, étoile, etc.)

1. Préchauffez le four à 180 °C (th. 6).

2. Étalez la pâte feuilletée au rouleau à pâtisserie, puis, à l'aide de l'emporte-pièce, découpez la pâte.

3. Disposez les morceaux de pâte sur une plaque à pâtisserie et parsemez de fromage râpé et de graines de sésame et de pavot. Enfournez pour 5 min de cuisson et servez chaud.

CONSEIL

Vous pouvez réaliser les feuilletés quelques heures à l'avance ou les congeler et les cuire au dernier moment.

Madeleines bacon-camembert

Pour 18 madeleines / 10 min de préparation / 1 h de réfrigération / 20 min de cuisson

Ingrédients
120 g de farine
½ sachet de levure chimique
2 œufs
60 g de beurre fondu
2 cuil. à soupe de lait
8 tranches de bacon
80 g de camembert

Matériel
Moules à madeleines

1. Dans un saladier, assemblez la farine et la levure, puis ajoutez les œufs, le beurre fondu et le lait. Mélangez bien la préparation. Incorporez les tranches de bacon et le camembert coupés en dés.

2. Placez la préparation au frais pendant 1 h. Préchauffez ensuite le four à 180 °C (th. 6).

3. Versez la pâte dans les petites alvéoles à madeleines et enfournez pour 20 min de cuisson. Démoulez puis servez les madeleines chaudes ou tièdes.

CONSEILS

Vous pouvez réaliser votre pâte et les madeleines quelques heures avant le service, voire la veille. Les madeleines se conservent quelques jours dans une boîte hermétique au frais.

Saucisses briochées

Pour 20 mini-bouchées / 15 min de préparation / 15 à 20 min de cuisson

Ingrédients

100 g de farine
1 pincée de sel
1 cuil. à café de sucre en poudre
½ sachet de levure chimique
1 cuil. à soupe de graines de sésame
1 œuf battu
5 cl de crème liquide
1 cuil. à soupe d'huile d'olive
Moutarde
Ketchup
4 saucisses de Strasbourg

1. Préchauffez le four à 180 °C (th. 6).

2. Dans un saladier, mélangez la farine, le sel, le sucre, la levure et les graines de sésame. Ajoutez l'œuf, la crème et l'huile d'olive.

3. Étalez la pâte en rectangle. Répartissez dessus la moutarde et le ketchup, disposez les saucisses à la suite, dans la longueur, puis roulez la pâte. Soudez les bords et découpez des petits tronçons.

4. Disposez sur une plaque à pâtisserie et enfournez pour 15 à 20 min de cuisson. Sortez du four et servez sans attendre.

CONSEIL

Vous pouvez réaliser les tronçons à l'avance et les faire cuire au dernier moment. Vous pouvez également les congeler avant cuisson.

Sucettes de foie gras au pain d'épice

Pour 15 sucettes / 20 min de préparation / 45 min de cuisson

Ingrédients

150 g de foie gras de canard

Pour le pain d'épice

150 g de farine
1 sachet de levure chimique
1 cuil. à soupe de quatre-épices
150 g à 200 g de miel
2 cuil. à soupe de lait (facultatif)

Matériel

15 bâtons de sucette

1. Préchauffez le four à 180 °C (th. 6). Dans un saladier, mélangez la farine, la levure et les épices. Versez le miel et mélangez. Ajoutez le lait si la pâte n'est pas suffisamment souple. Faites cuire 45 min au four dans un moule à cake.

2. Démoulez le pain d'épice et laissez refroidir. Prélevez 3 tranches et mixez-les finement.

3. Écrasez le foie gras dans un bol, puis formez des boulettes avec les mains. Passez-les dans le pain d'épice, plantez un bâton de sucette et réservez au frais avant de déguster.

Bouchées de foie gras au magret fumé et au pruneau

Pour 16 bouchées / 30 min de préparation

Ingrédients

4 gros pruneaux dénoyautés
1 morceau de gingembre confit
16 gros dés de foie gras cuit
16 tranches de magret fumé
Fleur de sel
Graines de sésame noir

Matériel

16 petites piques en bois

1. Coupez chaque pruneau en quatre. Hachez assez finement le gingembre confit.

2. Embrochez délicatement les dés de foie gras, les tranches de magret fumé et les morceaux de pruneau sur les piques à brochettes, afin de confectionner 16 bouchées.

3. Déposez sur chaque bouchée un peu de gingembre confit, un soupçon de fleur de sel et quelques graines de sésame. Dégustez rapidement avec un verre de banyuls, de monbazillac ou de coteaux-du-layon.

CONSEIL

Résistez à la tentation de préparer ces bouchées trop à l'avance. Le foie gras, une fois tranché, s'oxyde rapidement en perdant couleur et saveur.

VARIANTES

Les variantes sont infinies... Préparez ces bouchées avec des fruits frais (mangue, poire) ou cuits (pomme, figue, mangue). Utilisez du lard fumé, du jambon sec, du jambon Serrano, etc.

Brochettes de poulet tandoori

Pour 20 mini-brochettes / 5 min de préparation / 1 h de marinade / 6 min de cuisson

Ingrédients

2 blancs de poulet
1 yaourt grec
2 cuil. à café d'épices tandoori
1 cuil. à soupe de jus de citron
3 feuilles de menthe
1 branche de coriandre
1 cuil. à soupe d'huile d'olive

Matériel

Piques en bois

1. Détaillez le poulet en petits dés. Dans un bol, mélangez le yaourt, les épices, le jus de citron, la menthe et la coriandre lavées et ciselées. Ajoutez le poulet et faites mariner 1 h minimum au frais.

2. Dans une poêle, faites chauffer l'huile d'olive. Ajoutez le poulet et laissez cuire 3 min de chaque côté. Embrochez chaque morceau de viande sur une pique en bois et servez chaud.

CONSEIL

Vous pouvez cuire à l'avance les morceaux de poulet et les réchauffer au four à micro-ondes au dernier moment.

Bstells au fromage

Pour 80 triangles / 1 h de préparation / 50 min de cuisson

Ingrédients
40 feuilles de brick
4 gros œufs
1 œuf moyen
200 g de gruyère râpé
1 sachet de purée en flocons
Huile pour la friture
Sel, poivre

1. Portez à ébullition une casserole d'eau. Déposez-y les 4 œufs et faites-les cuire 10 min. Laissez-les refroidir avant de les écaler.

2. Dans un plat creux, préparez la purée comme indiqué sur la boîte, mais en n'utilisant que de l'eau. Salez et poivrez.

3. Hachez les œufs durs avec un grand couteau, puis incorporez-les à la purée chaude. Ajoutez le gruyère râpé et le jaune de l'œuf restant, dont vous mettrez le blanc de côté. Mélangez soigneusement la préparation. Goûtez et rectifiez l'assaisonnement.

4. Coupez les feuilles de brick en deux et formez des triangles. Farcissez chaque moitié de feuille d'un peu de mélange au fromage et repliez les bords de pâte pour fermer le triangle. Soudez-les ensuite avec le blanc d'œuf.

5. Dans une poêle, faites chauffer l'huile de friture avant d'y plonger les bstells. Faites-les frire sur les 2 faces pendant 4 min par poêlée de 8 bstells. Égouttez-les sur un papier absorbant. Servez bien chaud.

Rouleaux de la mer

Pour 30 rouleaux / 30 min de préparation / 10 min de cuisson

Ingrédients

15 feuilles de brick
1,5 kg de crevettes roses cuites
200 g de filets de merlan
½ citron pressé
500 g de pousses de soja
½ bouquet de persil
½ bouquet de coriandre
4 gousses d'ail
1 blanc d'œuf
100 g de champignons noirs
1 pincée de cumin
2 cuil. à café d'huile d'olive
Huile pour la friture
Sel, poivre

1. Décortiquez les crevettes et hachez le merlan dans un mixer. Hydratez les champignons noirs et égouttez-les. Hachez ensemble le persil, la coriandre et l'ail avec un hachoir à herbes.

2. Mélangez les crevettes, le merlan, le soja et les herbes, ajoutez le citron, le cumin et l'huile d'olive. Salez et poivrez. Ensuite, égouttez soigneusement la préparation dans une passoire.

3. Coupez les feuilles de brick en deux. Posez un peu de farce à l'extrémité de chaque demi-feuille.

4. Rabattez les côtés et roulez. Soudez avec un peu de blanc d'œuf.

5. Faites frire à la poêle dans une huile chaude mais non fumante pendant 10 min. Égouttez sur un papier absorbant. Servez bien chaud.

VARIANTE

On peut remplacer le soja et les champignons noirs par des carottes râpées ou encore des champignons de Paris.

Macaron aux petits pois à la menthe

Pour une vingtaine de petits macarons / 1 h de préparation / 1 h de repos / 20 min de cuisson

Ingrédients

Pour les coques

3 blancs d'œufs à température ambiante
30 g de sucre en poudre
200 g de sucre glace
125 g de poudre d'amande
20 gouttes de colorant vert

Pour la mousse de petits pois à la menthe

150 g de petits pois (frais ou surgelés)
5 cl de crème liquide
2 brins de menthe
Sel, poivre

Matériel

Papier sulfurisé
Poche à douille

1. Préparez les coques. Mixez et tamisez le sucre glace avec la poudre d'amande. Montez les blancs d'œufs en neige ferme en incorporant en trois fois le sucre. Avec une spatule en silicone, mélangez délicatement les blancs et le colorant à la poudre, en soulevant la pâte.

2. Tapissez 2 plaques de four de papier sulfurisé. Collez-le avec un peu de blanc d'œuf. Versez la pâte dans une poche à douille et dressez des tas de pâte d'environ 3 cm de diamètre en les espaçant régulièrement. Posez chaque plaque sur une grille. Réservez 1 h à température ambiante. Préchauffez le four à 160 °C (th. 5/6). Enfournez chaque plaque 10 min. Laissez refroidir avant de décoller les macarons.

3. Préparez la mousse de petits pois. Faites cuire les petits pois dans de l'eau bouillante salée (8 min s'ils sont frais, 12 min s'ils sont surgelés). Égouttez-les et réduisez-les en purée. Assaisonnez de sel, poivre et menthe hachée. Fouettez la crème très froide en chantilly. Mélangez avec la purée de petits pois. Laissez refroidir.

4. Garnissez la moitié des coques vides avec cette mousse. Assemblez-les avec le reste des coques. Réservez quelques heures au frais.

Macaron aux carottes et au cumin

Pour une vingtaine de petits macarons / 1 h de préparation / 1 h de repos / 20 min de cuisson

Ingrédients

Pour les coques

3 blancs d'œufs à température ambiante
30 g de sucre en poudre
200 g de sucre glace
125 g de poudre d'amande
1 pointe de couteau de curcuma
1 cuil. à soupe de graines de cumin

Pour la crème de carotte

500 g de carottes
10 cl de crème
Sel, poivre

Matériel

Papier sulfurisé
Poche à douille

1. Préparez les coques. Mixez et tamisez le sucre glace avec la poudre d'amande et le curcuma. Montez les blancs d'œufs en neige ferme en incorporant en 3 fois le sucre. Avec une spatule en silicone, mélangez délicatement les blancs à la poudre, en soulevant la pâte.

2. Tapissez 2 plaques de four de papier sulfurisé. Versez la pâte dans une poche à douille et dressez des tas de pâte d'environ 3 cm de diamètre en les espaçant régulièrement. Posez chaque plaque sur une grille. Saupoudrez de graines de cumin. Réservez 1 h à température ambiante. Préchauffez le four à 160 °C (th. 5/6). Enfournez chaque plaque pour 10 min. Laissez refroidir avant de décoller les macarons.

3. Préparez la crème de carotte. Épluchez les carottes, coupez-les en tronçons et faites-les cuire 10 min à l'eau bouillante. Égouttez et réduisez-les en purée. Ajoutez la crème. Salez, poivrez.

4. Garnissez la moitié des coques vides avec cette crème. Assemblez-les avec le reste des coques. Réservez quelques heures au frais avant de déguster.

VARIANTE

Pour une version carotte-coco, remplacez la crème par du lait de coco. Pour une couleur plus prononcée, utilisez 10 gouttes de colorant jaune et 5 de rouge.

Tartelettes au bleu et aux poires

Pour 20 tartelettes / 20 min de préparation / 10 min de cuisson

Ingrédients
1 pâte feuilletée
½ fromage bleu
2 poires

Matériel
Emporte-pièce rond (facultatif)

1. Préchauffez le four à 180 °C (th. 6).

2. Étalez la pâte feuilletée au rouleau à pâtisserie. À l'aide de l'emporte-pièce ou d'un verre, découpez des ronds de pâte et disposez-les sur une plaque à pâtisserie.

3. Épluchez les poires et découpez-les en lamelles. Disposez-les en rosace sur la pâte et parsemez de tranches de bleu.

4. Enfournez pour 10 min de cuisson. Servez chaud.

CONSEILS

Vous pouvez préparer les tartelettes le matin pour le soir et les cuire au dernier moment. Vous pouvez également les congeler avant cuisson.

Mini-quiches au crabe

Pour 6 personnes (environ 24 quiches) / 30 min de préparation / 20 min de cuisson

Ingrédients

200 g de pâte brisée
200 g de chair de crabe
1 carotte
2 échalotes
½ blanc de poireau
1 œuf
20 g de beurre
15 cl de crème liquide
5 cl de lait
1 cuil. à café de curry
Sel, poivre

Matériel

Mini-moules à tarte

1. Émincez et lavez le blanc de poireau. Taillez la carotte en petits cubes, hachez les échalotes. Faites fondre le beurre dans une casserole. Ajoutez les échalotes, le poireau et la carotte. Salez et poivrez. Faites cuire à feu moyen pendant 8 à 10 min. Laissez refroidir avant d'ajouter la chair de crabe. Mélangez.

2. Par ailleurs, battez les œufs dans un bol avec la crème, le lait, le curry, du sel et du poivre. Préchauffez le four à 200 °C (th. 6-7).

3. Chemisez des mini-moules à tarte avec la pâte brisée. Répartissez dedans la préparation au crabe, puis versez la crème au curry dessus. Faites cuire au four pendant 10 min. Sortez les tartelettes, laissez-les tiédir avant de les démouler délicatement. Servez tiède.

CONSEIL

Vous pouvez utiliser de la chair de crabe surgelée. Dans ce cas, laissez-la bien décongeler, puis pressez-la pour en extraire le maximum d'eau.

Mini-pizzas aux fruits de mer

Pour 26 pièces / 20 min de préparation / 5 à 10 min de cuisson

Ingrédients

1 pâte à pizza
26 cuil. à café rases de concentré de tomates
300 g de mélange de fruits de mer
150 g de comté râpé
2 branches de thym
26 cuil. à café de vin blanc

Matériel

Plaque à pâtisserie ou à pizza
Emporte-pièce rond

1. Préchauffez le four à 220 °C (th. 7-8). Étalez la pâte puis, à l'aide de l'emporte-pièce, prélevez-en des petits ronds (26 au total). Disposez-les sur la plaque.

2. Sur chacun des 26 ronds de pâte, étalez du concentré de tomates, ajoutez des fruits de mer, du comté râpé, 1 pincée de thym et 1 cuil. à café de vin blanc. Enfournez pour 5 à 10 min.

Mini-pizzas façon kebab

Pour 16 pièces / 15 min de préparation / 1 à 2 h de marinade / 15 min de cuisson

Ingrédients

1 pâte à pizza
1 tomate Green Zebra
1 tomate rouge
½ oignon rouge
1 boule de mozzarella

La viande marinée

150 g d'épaule d'agneau désossée
1 cuil. à soupe d'huile d'olive
2 pincées de cannelle
¼ cuil. à café de piment doux
3 pincées de curcuma
¼ cuil. à café de paprika
3 pincées de cumin

Matériel

Plaque à pâtisserie ou à pizza
Emporte-pièce

1. Coupez la viande en lanières fines puis en dés et mettez-les dans un bol. Ajoutez l'huile d'olive et toutes les épices et laissez mariner 1 à 2 h.

2. Préchauffez le four à 220 °C (th. 7). Abaissez la pâte et, à l'aide de l'emporte-pièce, découpez-la en 16 morceaux. Disposez-les sur la plaque.

3. Coupez les tomates en dés. Pelez et émincez l'oignon. Disposez-les sur la pâte, ainsi que la viande marinée. Découpez la mozzarella en dés et répartissez-les sur les pizzas. Enfournez pour 15 min de cuisson.

CONSEIL

Vous pouvez préparer la viande la veille et faire mariner le tout au frais pendant la nuit, votre viande n'en sera que plus parfumée.

VARIANTES

Vous pouvez troquer l'agneau contre du poulet ou du veau. Ajoutez aussi un trait de sauce blanche (vendue en grandes surfaces au rayon spécialisé).

Mini-pizzas à la polenta

Pour 20 mini-pizzas / 30 min de préparation / 30 min de repos / 20 min de cuisson

Ingrédients

1 cube de bouillon de légumes
200 g de polenta
1 petit pot de concentré de tomates
75 g de lardons fumés
70 g de cheddar

Matériel

Papier sulfurisé
Emporte-pièce rond

1. Dans une casserole, faites chauffer 50 cl d'eau avec le bouillon. Quand celle-ci bout, ajoutez d'un coup la polenta et remuez jusqu'à ce que la pâte se détache bien de la paroi de la casserole.

2. Laissez tiédir 10 min, puis étalez sur une feuille de papier sulfurisé. Laissez complètement refroidir pendant 15 à 20 min.

3. Préchauffez le four à 180 °C (th. 6). À l'aide du petit emporte-pièce ou d'un verre, découpez des ronds de pâte. Placez-les sur une plaque à pâtisserie. Sur chaque rond de pâte, étalez un peu de concentré de tomates, disposez quelques lardons et parsemez de cheddar.

4. Enfournez pour 10 min de cuisson et dégustez les mini-pizzas chaudes ou tièdes.

CONSEILS

Les mini-pizzas peuvent se réaliser la veille et se cuire au dernier moment. Vous pouvez également les congeler sans les avoir cuites.

Les mini-burgers américains

Pour une vingtaine de mini-burgers / 20 min de préparation / 15 min de cuisson

Ingrédients

Une vingtaine de mini-pains à burgers
3 tomates
1 oignon rouge
Quelques feuilles de laitue
5 tranches fines de cheddar
600 g de viande de bœuf hachée
3 pincées d'épices Chili Powder
4 cuil. à soupe d'huile d'olive
6 tranches de poitrine de porc fumée
10 cuil. à café environ de ketchup
Sel, poivre

Matériel

Petit emporte-pièce rond

1. Incisez la base des tomates et retirez le pédoncule. Déposez-les 1 min dans une casserole d'eau bouillante. Pelez-les et coupez-les en tranches fines. Épluchez et émincez l'oignon le plus finement possible. Nettoyez et essorez les feuilles de laitue. Découpez les tranches de cheddar à l'aide de l'emporte-pièce utilisé pour confectionner les petits pains.

2. Dans un saladier, mélangez le bœuf avec les épices, l'huile d'olive, du sel et du poivre. Façonnez de petits steaks de la taille d'une balle de ping-pong et insérez-les dans l'emporte-pièce afin qu'ils aient bien la même taille.

3. Dans une poêle antiadhésive, faites griller les tranches de poitrine de porc, posez-les sur du papier absorbant et découpez-les à l'aide de l'emporte-pièce.

4. Dans la même poêle, faites cuire les mini-steaks en comptant 3 à 4 min de chaque côté pour qu'ils soient bien grillés. Lorsque vous les retournez, posez une tranche de fromage sur le côté cuit.

5. Coupez les petits pains en deux et versez sur une moitié du ketchup, puis la salade, l'oignon, le steak, la poitrine de porc et la tomate. Recouvrez de l'autre moitié du pain et servez aussitôt.

CONSEIL

Si vous souhaitez préparer ce plat à l'avance, après avoir préparé la garniture, faites très rapidement dorer les steaks, puis montez les burgers. Juste avant de servir, disposez-les sur une plaque et enfournez-les à 150 °C (th. 5) pendant 5 à 8 min.

Gougères au comté

Pour 20 mini-gougères / 15 min de préparation / 20 à 30 min de cuisson

Ingrédients
1 pincée de sel
100 g de beurre
125 g de farine
3 œufs
200 g de comté

1. Dans une casserole, versez 25 cl d'eau, le sel et le beurre, puis portez à ébullition.

2. Dès que le mélange bout, versez la farine d'un coup, puis remuez hors du feu jusqu'à obtenir une pâte lisse qui se décolle des parois de la casserole.

3. Ajoutez les œufs un à un et remuez bien entre chaque pour bien les incorporer à la pâte. Ajoutez le comté râpé et laissez refroidir.

4. Préchauffez le four à 180 °C (th. 6). Disposez sur une plaque à pâtisserie des petits tas de pâte. Enfournez pour 20 à 30 min de cuisson.

5. Servez les mini-gougères tièdes ou froides.

CONSEILS

Vous pouvez réaliser la pâte à l'avance et cuire les gougères au dernier moment, ou les préparer la veille et les déguster froides.Vous pouvez aussi cuire toute la pâte comme une tarte et ensuite découper la gougère en petites parts.

Cupcakes au saumon fumé

Pour 8 cupcakes / 30 min de préparation / 20 min de cuisson

Ingrédients

3 œufs
½ cuil. à café de paprika
½ cuil. à café de persil
4 cuil. à soupe de fromage frais
6 cl d'huile
4 cuil. à soupe de lait
160 g de farine
1 sachet de levure chimique
2 tranches de saumon fumé coupées en dés
Sel, poivre

Pour l'accompagnement

½ pot de fromage ail et fines herbes
2 tranches de saumon fumé

1. Préchauffez le four à 180 °C (th. 6).

2. Dans un saladier, battez les œufs avec du sel, du poivre, le paprika, le persil et le fromage frais, puis l'huile et le lait. Ajoutez la farine et la levure. Terminez par les dés de saumon fumé.

3. Remplissez aux trois quarts des moules à muffins ou des caissettes. Enfournez pour 20 à 22 min.

4. Disposez 1 cuil. à café de fromage ail et fines herbes au centre de chaque cupcake. Coupez les tranches de saumon fumé en fines bandes et faites-les tenir enroulées grâce à un cure-dents sur la crème.

Cupcakes à la carotte et au fromage

Pour 10 cupcakes / 30 min de préparation / 25 min de cuisson

Ingrédients
1 carotte de taille moyenne
3 œufs
2 bonnes pincées de cumin
1 cuil. à soupe de fromage frais
2 cl de lait
2 cl de beurre fondu
150 g de farine
1 sachet de levure chimique
Sel, poivre

Pour la crème au fromage
150 g de fromage frais
3 cuil. à soupe de crème fraîche
Sel
Persil

1. Lavez et épluchez la carotte. Coupez-la en rondelles et faites-la cuire dans une casserole d'eau bouillante salée. Une fois cuite, réduisez-la en purée.

2. Préchauffez votre four à 180 °C (th. 6).

3. Dans un saladier, battez les œufs avec le sel, le poivre et le cumin. Ajoutez la purée de carotte, le fromage frais, le lait et le beurre fondu. Terminez par la farine et la levure chimique.

4. Remplissez aux trois quarts des moules à muffins. Enfournez pour environ 25 min.

5. Pendant ce temps, préparez la crème au fromage. Dans un saladier, battez le fromage frais avec la crème. Ajoutez du sel et du persil à votre goût. Recouvrez les cupcakes de cette crème et servez aussitôt.

Cupcakes betterave et fromage, sous un crumble

Pour 10 cupcakes / 40 min de préparation / 20 min de cuisson

Ingrédients
1 grosse betterave
½ échalote
1 cuil. à soupe de sucre
½ cuil. à café de cumin
2 cuil. à soupe de miel
3 œufs
160 g de farine
1 sachet de levure chimique
6 cl d'huile
1 cuil. à soupe d'huile d'olive
Sel, poivre

Pour la crème au fromage
150 g de fromage frais
1,5 cl de crème liquide
1 peu de persil déshydraté
½ cuil. à café de ciboulette déshydratée
3 bonnes pincées de chili
Sel, poivre

Pour le crumble
2 cuil. à soupe de farine
4 cuil. à soupe de chapelure
4 cuil. à soupe de beurre

1. Préchauffez votre four à 180 °C (th. 6).

2. Découpez la betterave en cubes. Dans une poêle, faites chauffer l'huile d'olive et faites revenir les cubes de betterave, l'échalote coupée en dés, le sucre et le cumin quelques minutes. Mixez ensuite le tout avec du sel, du poivre et le miel.

3. Dans un récipient, battez les œufs puis ajoutez la crème de betterave. Ajoutez la farine et la levure chimique, puis l'huile.

4. Remplissez aux trois quarts des moules à muffins et enfournez pour 20 min.

5. Pendant ce temps, préparez la crème au fromage. Dans un récipient, mélangez le fromage frais avec la crème liquide. Ajoutez le sel, le poivre, le persil, la ciboulette et le chili. Recouvrez les cupcakes de cette crème.

6. Pour le crumble, faites fondre le beurre. Dans un bol, mélangez du bout des doigts la farine, la chapelure et le beurre fondu, jusqu'à obtention d'un beau crumble. Étalez-le sur une plaque de pâtisserie et faites-le dorer au four quelques minutes. Parsemez-en les cupcakes.

Muffins tomates cerise, fromage de chèvre et noisettes

Pour 10 muffins / 25 min de préparation / 25 min de cuisson

Ingrédients

½ barquette de tomates cerise
1 bûche de fromage de chèvre
3 œufs
5 cl d'huile
2 cl d'huile d'olive
1 cl de lait
150 g de farine
1 sachet de levure chimique
30 g de noisette concassées
2 pincées d'ail en poudre
Sel, poivre

1. Préchauffez votre four à 180 °C (th. 6).

2. Lavez et coupez les tomates cerise en quartiers. Coupez la bûche de chèvre en rondelles ni trop épaisses ni trop fines.

3. Dans un saladier, battez les œufs avec du sel, du poivre et l'ail. Ajoutez l'huile, l'huile d'olive, le lait, la farine et la levure.

4. Remplissez aux trois quarts les moules à muffins de pâte. Ajoutez dans chaque cavité 3 à 4 quartiers de tomate cerise, puis enfournez 15 min.

5. Retirez les muffins du four, ajoutez 1 rondelle de fromage de chèvre sur chaque, puis parsemez de noisettes concassées. Remettez au four pour 10 min environ.

Pain surprise

Pour 1 pain / 30 min de préparation

Ingrédients

1 pain rond ou carré
Foie gras
Tapenade maison (voir page 30) ou du commerce
Guacamole maison (voir page 24) ou du commerce
Jambon

1. Découpez le haut du pain avec un bon couteau et mettez le chapeau de côté.

2. Passez une lame de couteau verticalement, à environ 3 cm de la croûte et découpez la mie de pain, sans aller jusqu'au fond.

3. Faites une fente en bas du pain, puis passez la lame de couteau horizontalement pour découper la mie et pouvoir l'extraire du pain.

4. Récupérez la mie, puis découpez-la en tranches pour en faire des petits toasts que vous pourrez ainsi garnir de foie gras, de tapenade, de guacamole, etc. Remettez les toasts dans la croûte du pain, replacez le chapeau et servez.

Terrine de légumes trois couleurs

Pour 1 terrine de 1 kg / 40 min de préparation / 1 h 15 de cuisson / 48 h de réfrigération

Ingrédients
500 g de courgettes surgelées
500 g de carottes surgelées
500 g d'épinards surgelés
3 œufs
3 cuil. à soupe de Maïzena
3 cuil. à soupe de crème fraîche épaisse
3 pincées de noix muscade moulue
Beurre pour le moule
Sel, poivre du moulin

Matériel
Hachoir
Passoire fine
Mixeur
Terrine rectangulaire de 1 kg
Papier d'aluminium

1. Placez tous les légumes dans un bol et laissez-les décongeler.

2. Faites bouillir une grande casserole d'eau salée. Faites cuire les courgettes pendant 3 ou 4 min, puis plongez-les dans de l'eau froide. Égouttez-les. Préparez les carottes de la même manière en prolongeant un peu le temps de cuisson. Passez ensuite successivement les légumes cuits dans une essoreuse à salade pour en éliminer le plus d'eau possible. Essorez également les épinards. Il faut obtenir à ce stade pas moins de 300 g de chaque légume. Hachez ces légumes séparément, puis pressez-les dans la passoire fine pour éliminer encore plus d'eau.

3. Mixez successivement les trois légumes en ajoutant à chaque fois 1 œuf, 1 cuil. à soupe de Maïzena, 1 grosse cuil. à soupe de crème fraîche, 1 pincée de noix muscade, du sel et du poivre. Mélangez bien.

4. Beurrez bien la terrine. Versez la farce à l'épinard au fond de la terrine, sans toucher les parois. Très délicatement, déposez par-dessus la farce à la courgette. Lissez la surface soigneusement puis recouvrez de farce à la carotte. Lissez encore la surface. Recouvrez de deux couches de papier d'aluminium beurré. Préchauffez le four à 140 °C (th. 4-5).

5. Posez la terrine dans un plat assez profond, remplissez-le d'eau très chaude et enfournez pour 1 h 15 de cuisson. Laissez refroidir et placez au réfrigérateur pendant 48 h si possible avant de déguster. Démoulez délicatement et servez en tranches.

CONSEILS

Servez cette terrine fraîche et légère avec un coulis de tomates (par exemple) ou un peu de crème liquide battue et agrémentée de raifort.

Mousse de foie de volaille

Pour 1 terrine de 1 kg / 30 min de préparation / 1 h 30 de cuisson

Ingrédients

1 échalote
1 gousse d'ail
500 g de foies de volaille
1 œuf entier + 1 jaune
14 g de sel nitrité (en grande surface ou chez le charcutier) ou de sel fin
15 g de lait en poudre
1,5 g de poivre blanc
10 g de Maïzena
30 g d'armagnac
120 g de crème liquide
200 g de graisse de canard + pour le décor
Huile de tournesol

Matériel

Hachoir à grille fine
Mixeur
Terrine rectangulaire de 1 kg
Film alimentaire
Papier d'aluminium

1. Épluchez l'échalote et l'ail, puis hachez-les finement. Faites-les cuire à feu doux dans une petite poêle avec un peu d'huile, pendant 2 ou 3 min. Sortez ensuite du feu. Passez les foies de volaille dans le hachoir équipé d'une grille fine. Placez ensuite les foies hachés dans le bol du mixeur avec l'échalote et la gousse d'ail cuites.

2. Ajoutez l'œuf entier, le jaune d'œuf, le sel nitrité, le lait en poudre, le poivre, la Maïzena et l'armagnac. Mixez très fi nement.

3. Ajoutez ensuite la crème liquide juste tiède (ni brûlante, ni glacée), puis versez peu à peu la graisse de canard, tiède elle aussi, toujours en travaillant à grande vitesse.

4. Versez la mousse dans la terrine. Entourez la terrine de deux couches de film alimentaire. Posez par-dessus un torchon détrempé et entourez le tout de deux couches de papier d'aluminium. Préchauffez le four à 140 °C (th. 4-5).

5. Posez la terrine dans un plat assez profond, remplissez-le d'eau très chaude et enfournez pour 1 h 30 de cuisson. Laissez refroidir la terrine avant de la recouvrir avec 1 cm de graisse de canard fondue. Placez au réfrigérateur. Cette terrine se conserve pendant 10 jours au frais.

CONSEILS

Le sel nitrité donne une belle couleur aux charcuteries et aux mousses en particulier. Il améliore aussi leur conservation. Toutefois, vous pouvez vous en passer si vous n'en trouvez pas.

Pâté de lapin aux olives, tomates confites et basilic

Pour 1 terrine de 2 kg / 35 min de préparation / 1 h 45 de cuisson / 24 h de réfrigération

Ingrédients

400 g de poitrine de porc
250 g de gras de porc (de la barde par exemple)
120 g de foies de volaille
700 g de viande de lapin désossée
1 gousse d'ail
1 botte de basilic
2 œufs
15 g de lait en poudre
25 g d'amidon (fécule de maïs)
27 g de sel fin
1,5 g de grains de poivre noir + pour le décor
5 cl d'huile d'olive
100 g de tomates confites
100 g d'olives vertes ou/et noires
Thym séché pour le décor

Matériel

Hachoir
Terrine de 2 kg rectangulaire
Film alimentaire

1. Faites bouillir un grand volume d'eau. Coupez en grosses lanières la poitrine et le gras de porc. Plongez-les dans l'eau bouillante et égouttez-les dès que l'ébullition reprend. Laissez refroidir.

2. Hachez avec une grille fine la poitrine et le gras ébouillantés, les foies de volaille et 300 g de viande de lapin. Rassemblez ces viandes hachées dans un saladier. Épluchez la gousse d'ail et hachez-la avec le basilic.

3. Ajoutez aux viandes tous les autres ingrédients de la recette, ainsi que le reste de la viande de lapin coupée en petits morceaux au couteau ou hachée à travers une grosse grille, sans oublier le hachis de basilic et d'ail, les tomates et les olives grossièrement hachées. Mélangez intimement tous ces ingrédients avec une cuillère en bois.

4. Préchauffez le four à 160 °C (th. 5-6). Remplissez la terrine de la farce et donnez-lui une forme de dôme. Poivrez la surface et parsemez d'un peu de thym. Enfournez pour 1 h 45 de cuisson. Sortez du four et laissez refroidir. Recouvrez de film alimentaire et placez au réfrigérateur. Laissez reposer au moins 24 h avant de déguster et consommez sous 10 jours.

VARIANTE

Faites mariner la viande de lapin toute une nuit dans le réfrigérateur avec du thym et 20 cl de vin blanc.

Rillettes de lapin aux pruneaux

Pour 3 bocaux de 250 g / 1 h de préparation / 1 h 15 de cuisson / 2 h de repos

Ingrédients

2 carottes
1 oignon
1 lapin entier (environ 1,2 kg)
4 branches de thym frais
3 feuilles de laurier frais
75 cl de cidre
3 cuil. à soupe de calvados
15 pruneaux
350 g de saindoux
1 cuil. à soupe d'huile d'olive
Sel, poivre

Matériel

Écumoire
3 bocaux de 250 g stérilisés

1. Épluchez les carottes et coupez- les en rondelles. Pelez et émincez l'oignon. Détaillez le lapin en morceaux et ôtez les abats.

2. Faites chauffer l'huile d'olive dans une cocotte. Ajoutez- y les morceaux de lapin et l'oignon. Salez, poivrez et faites revenir le tout pendant 5 min en remuant de temps en temps. Ajoutez les rondelles de carotte, le thym, le laurier, le cidre, 75 cl d'eau et le calvados. Couvrez et laissez mijoter pendant 1 h.

3. Récupérez les morceaux de lapin avec l'écumoire. Désossez la viande. Effilochez la chair à l'aide de deux fourchettes. Ouvrez en deux les pruneaux, ôtez les noyaux et hachez la chair.

4. Dans une cocotte, mettez la chair de lapin avec 300 g de saindoux et les pruneaux hachés. Faites chauffer à feu doux pendant quelques minutes pour faire fondre le saindoux. Mélangez le tout, goûtez et rectifiez l'assaisonnement en sel et en poivre.

5. Répartissez les rillettes dans les bocaux et tassez bien. Laissez refroidir. Faites fondre les 50 g de saindoux restants dans une casserole et versez-le sur le dessus des rillettes. Réservez pendant au moins 2 h au réfrigérateur avant de servir. Les rillettes seront encore meilleures après 2 jours de conservation mais vous pouvez les garder pendant 15 jours.

ASTUCES

Réalisez cette recette avec un reste de lapin. Pesez alors la chair de lapin, la quantité de saindoux correspondra à la moitié de ce poids. Pour une plus longue conservation des rillettes, n'hésitez pas à les stériliser.

Pain d'épice

Pour 10 à 12 personnes / 10 min de préparation / 40 min de cuisson / 48 h de repos

Ingrédients
250 g de farine (+ pour le moule)
1 sachet de levure chimique
1 cuil. à café de bicarbonate de soude
1 cuil. à café bombée de cannelle moulue
1 cuil. à café bombée de quatre-épices
1 cuil. à café rase de noix de muscade râpée
1 cuil. à café rase de gingembre en poudre
15 cl de lait entier
250 g de miel
50 g de cassonade
5 cl d'huile de colza ou de tournesol
Beurre pour le moule

Matériel
Moule à cake
Papier d'aluminium

1. Préchauffez le four à 150 °C (th. 5). Dans un saladier, mélangez la farine avec la levure chimique, le bicarbonate de soude et les épices.

2. Dans une casserole, versez le lait, le miel et la cassonade. Faites chauffer à feu doux jusqu'à ce que la cassonade soit totalement dissoute.

3. Creusez un puits dans le mélange de farine et versez-y la préparation chaude au miel. Mélangez jusqu'à obtention d'une pâte homogène. Ajoutez l'huile et mélangez de nouveau. Versez la pâte dans le moule à cake préalablement beurré et fariné. Enfournez pour 40 min de cuisson.

4. Au terme de la cuisson, laissez tiédir le pain d'épice avant de le démouler, puis laissez-le refroidir complètement. Emballez alors le pain d'épice dans du papier d'aluminium et laissez-le reposer 48 h avant de le couper en tranches pour le tartiner.

ASTUCE

Pour un pain d'épice bien parfumé, utilisez un miel fort en goût comme du miel de sapin ou de châtaigner.

Cake poires-chorizo

Pour 12 parts / 15 min de préparation / 45 min à 1 h de cuisson

Ingrédients

3 œufs
10 cl d'huile d'olive
10 cl de lait écrémé
200 g de farine
1 sachet de levure chimique
2 poires
1 chorizo

Matériel

Moule à cake
Grille

1. Préchauffez le four à 180 °C (th. 6). Dans un saladier, mélangez les œufs avec l'huile et le lait ; ajoutez la farine et la levure.

2. Lavez et épluchez les poires. Coupez en petits morceaux le chorizo et les poires puis ajoutez-les à la pâte.

3. Versez la préparation dans le moule et enfournez pour 45 min à 1 h de cuisson. Pour juger la cuisson du cake, piquez avec un couteau : si la lame est sèche, il est cuit ; sinon, il faut poursuivre un peu la cuisson.

4. Démoulez et laissez refroidir sur une grille.

Cake nordique

Pour 12 parts / 20 min de préparation / 45 min à 1 h de cuisson / 1 h de repos au frais

Ingrédients

100 g de saumon fumé
1 échalote
150 g de farine blanche
½ sachet de levure chimique
80 g de flocons d'avoine
1 cuil. à soupe de graines de tournesol (sans la coque !)
2 cuil. à café d'aneth
5 cl de vin blanc
10 cl de lait
5 cl d'huile d'olive
2 œufs

La crème

125 g de ricotta
3 cuil. à soupe de jus de citron
1 cuil à café de raifort

Matériel

Moule à cake
Grille

1. Préchauffez le four à 180 °C (th. 6). Épluchez et ciselez l'échalote ; taillez en lanières le saumon fumé.

2. Dans un saladier, mélangez la farine, la levure, les flocons d'avoine, les graines de tournesol et l'aneth. Délayez avec le vin blanc, le lait et l'huile d'olive puis ajoutez les œufs l'un après l'autre. Mélangez bien. Une fois la préparation homogène, ajoutez le saumon et l'échalote.

3. Versez la préparation dans le moule et enfournez pour 45 min à 1 h de cuisson. Pour juger la cuisson du cake, piquez avec un couteau : si la lame est sèche, il est cuit ; sinon, il faut poursuivre un peu la cuisson.

4. Démoulez et laissez refroidir sur une grille.

5. Dans un bol, mélangez la ricotta, le jus de citron et le raifort. Coupez le cake en deux dans l'épaisseur, creusez-le légèrement et garnissez-le avec la crème. Refermez et mettez au frais 1 h avant de servir.

d'Alsace
nature

Cake aux tomates confites et fleur de thym

Pour 10 personnes / 20 min de préparation / 40 min de cuisson

Ingrédients

400 g de tomates confites
25 g de beurre
6 œufs entiers
2 cuil. à soupe de fleur de thym
20 cl d'huile d'olive
20 cl de lait
400 g de farine
1 sachet de levure chimique
Sel, poivre

1. Préchauffez votre four à 170 °C (th. 5-6). Égouttez les tomates confites. Beurrez deux moules à cake. Cassez les œufs dans un saladier et battez-les pendant 1 à 2 min pour les faire mousser.

2. Ajoutez le sel, le poivre, le thym, l'huile et le lait. Versez ensuite la farine tamisée et la levure au fur et à mesure afin d'éviter les grumeaux. Ajoutez les tomates confites et homogénéisez votre pâte.

3. Versez la pâte dans les moules avant d'enfourner pendant 40 min.

4. Sortez les cakes du four. Assurez-vous qu'ils sont bien cuits en y plantant la pointe d'un couteau : rien ne doit s'accrocher sur la lame.

5. Déposez-les sur une grille avant de déguster.

CONSEILS

On trouve de la fleur de thym conditionnée dans de petites boîtes en carton dans les magasins de produits surgelés.
Les tomates confites sont beaucoup moins sèches que les tomates séchées que l'on trouve en conserve. Elles sont disponibles au rayon traiteur de votre supermarché ou dans les épiceries fines italiennes.

Découvrez tous les titres de la collection !

5,95 €

100 recettes

100 listes de courses à flasher

À paraître

mars 2017

avril 2017

avril 2017

mai 2017

mai 2017

mai 2017

mai 2017

juin 2017

juin 2017

juin 2017

Crédits des recettes :
Ghislaine Danan-Bénady : pp. 174, 176 ; Myriam Darmoni : pp. 36, 56, 76, 78, 178, 180 ; Valéry Drouet : pp. 66, 68, 184 ; Thomas Feller : pp. 28, 30, 38, 40, 54, 72, 96, 112, 134, 152, 192, 220 ; Eva Harlé : p. 82 ; Estelle Haryouli : pp. 196, 198, 200, 202 ; Stéphan Lagorce : pp. 32, 102, 170, 206, 208, 210 ; Audrey le Goff : pp. 14, 16, 18, 20, 86, 88, 90, 92, 94, 104, 212, 214 ; Mélanie Martin : pp. 74, 80, 114, 116, 118, 150 ; Catherine Moreau : pp. 42, 44, 46, 48, 50, 52, 58, 62, 64, 130 ; Emilie Perrin : pp. 22, 24, 26, 34, 60, 98, 100, 106, 108, 110, 120, 122, 124, 126, 128, 132, 136, 138, 140, 142, 144, 146, 154, 156, 158, 160, 162, 164, 166, 168, 172, 182, 186, 188, 190, 194, 204, 216, 218 ; Elisa Vergne : p. 70

Crédits des photographies :
© Maxime de Bollivier : pp. 53, 63, 131 ; © Aymeri Chemin : pp. 197, 199, 201, 203 ; © Guillaume Czerw : p.71, 139, 169 ; © Alexandra Duca : pp. 175, 177 ; Eric Fénot : p.83 ; © Valéry Guédès : pp. 103, 171, 179, 181, 207, 209, 211 ; © Francis Guillard : pp. 135, 153, 221 ; © Natacha Nikouline : pp. 75, 81 ; © Bob Norris : pp. 115, 117, 119, 151 ; © Rina Nurra : pp. 15, 17, 19, 21, 37, 57, 77, 79, 87, 91, 93, 95, 105, 187, 189, 213, 215, 217, 219 ; © Aline Princet : pp. 23, 25, 27, 29, 31, 35, 61, 99, 101, 107, 109, 111, 121, 123, 125, 127, 129, 133, 137, 141, 143, 145, 147, 155, 158, 159, 161, 163, 165, 167, 173, 183, 191, 193, 195, 205 ; © Stéphane Ruchaud : pp. 97, 113 ; © Philippe Vaurès-Santamaria : pp. 33, 39, 41, 43, 45, 47, 49, 51, 55, 59, 65, 73 ; Pierre-Louis Viel : 67, 69, 185

Isabelle Brouant remercie Le Parfait et Zara Home pour le prêt de la vaisselle.

Direction : Catherine Saunier-Talec
Responsable éditoriale : Anne la Fay
Responsable artistique : Antoine Béon
Conception graphique et couverture : Pauline Ricco
Fabrication : Amélie Latsch
Partenariats : Sophie Morier (smorier@hachette-livre.fr)

Dépôt légal : janvier 2017
76-4039-7-0
ISBN : 978-2-01-702002-8
Achevé d'imprimer en Espagne par Macrolibros.

Pour l'éditeur, le principe est d'utiliser des papiers composés de fibres naturelles, renouvelables, recyclables et fabriqués à partir de bois issus de forêts qui adoptent un système d'aménagement durable. En outre, l'éditeur attend de ses fournisseurs de papier qui s'inscrivent dans une démarche de certification environnementale reconnue.

PAPIER À BASE DE FIBRES CERTIFIÉES

hachette s'engage pour l'environnement en réduisant l'empreinte carbone de ses livres. Celle de cet exemplaire est de :
1 kg éq. CO_2
Rendez-vous sur www.hachette-durable.fr